Zahlenzauber 2

Mathematikbuch
für die Grundschule

Allgemeine Ausgabe

Ich bin Bim.

Erarbeitet von
Bettina Betz
Angela Bezold
Ruth Dolenc-Petz
Carina Hölz
Hedwig Gasteiger
Petra Ihn-Huber
Christine Kullen
Elisabeth Plankl
Beatrix Pütz
Carola Schraml
Karl-Wilhelm Schweden

Ich bin Simsala.

Unter Beratung von
Juliane Leuders

Illustriert von
Mathias Hütter
Renate Möller

Und ich bin Eulalia.

Oldenbourg Schulbuchverlag, München

Inhaltsverzeichnis

① Zahlen blitzschnell erkennen

Wie viele Edelsteine liegen in jeder Kiste? Schreibe auf.
Spielt selbst mit Plättchen.

② Ordne die Kisten oben nach der Anzahl der Edelsteine.

③ Immer 20 Edelsteine: Ergänze und schreibe die Rechnungen auf.

$14 + 6 = 20$

④ Ergänze auch hier die Edelsteine.

a) Immer 30:

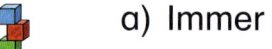

$1\ 4 + 1\ 6 = 3\ 0$

b) Immer 100:

$1\ 4 + 8\ 6 = 1\ 0\ 0$

5 Immer 10 (9, 12, 15): Zerlege wie auf den Schatzkarten.
Schreibe alle Rechnungen auf.

6 Wie viele Schätze sind in jeder Kiste?

a) Schreibe die Rechnungen auf. Löse sie.

 b) Erfinde selbst Schatzkisten-Rätsel.
Dein Partner löst sie.

 7 Setze die Zahlenfolgen auf den Trittsteinen fort.
Welche Regel erkennst du jeweils?

Erfinde selbst Zahlenfolgen.

5

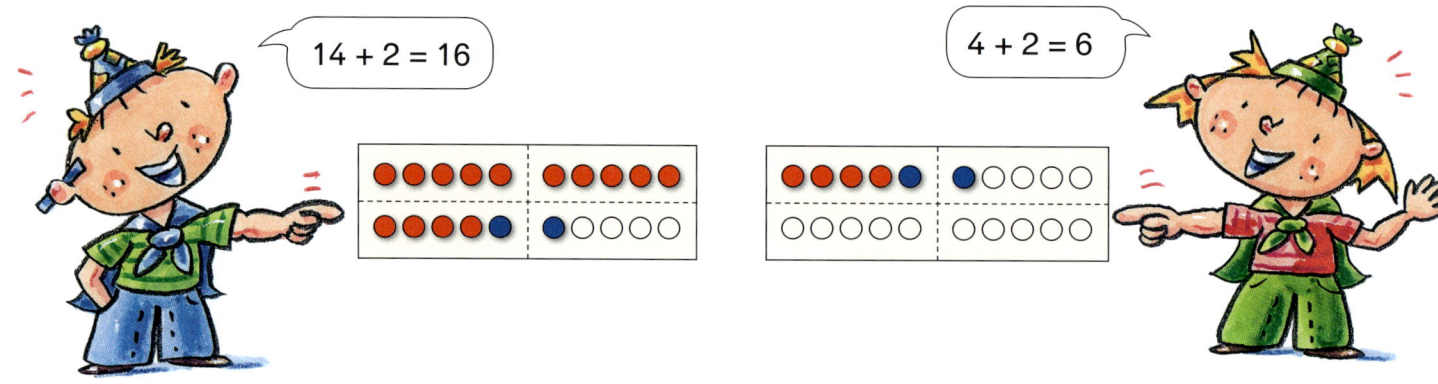

14 + 2 = 16

4 + 2 = 6

① Suche die verwandte Aufgabe. Rechne.

| 1 4 + 2 = 1 6 |
| 4 + 2 = 6 |

a)
```
14 + 2
16 + 3
13 + 4
15 + 0
```

b)
```
17 + 1
11 + 6
12 + 5
17 + 3
```

c)
```
14 + 4
12 + 7
11 + 3
16 + 4
```

14, 15, 16, 17, 17, 17, 18, 18, 19, 19, 20, 20

② Suche die verwandte Aufgabe. Rechne.

| 1 6 − 2 = 1 4 |
| 6 − 2 = 4 |

a)
```
16 − 2
19 − 3
17 − 6
18 − 5
```

b)
```
13 − 2
14 − 3
15 − 2
19 − 5
```

c)
```
14 − 2
15 − 4
18 − 6
19 − 8
```

11, 11, 11, 11, 11, 12, 12, 13, 13, 14, 14, 16

③ Bilde Aufgabe und Tauschaufgabe.

| 2 + 1 1 = 1 3 |
| 1 1 + 2 = 1 3 |

a)
```
2 + 11
5 + 13
4 + 14
6 + 12
```

b)
```
4 + 13
6 + 11
5 + 15
3 + 16
```

c)
```
2 + 13
8 + 12
4 + 15
9 + 11
```

13, 15, 17, 17, 18, 18, 18, 19, 19, 20, 20, 20

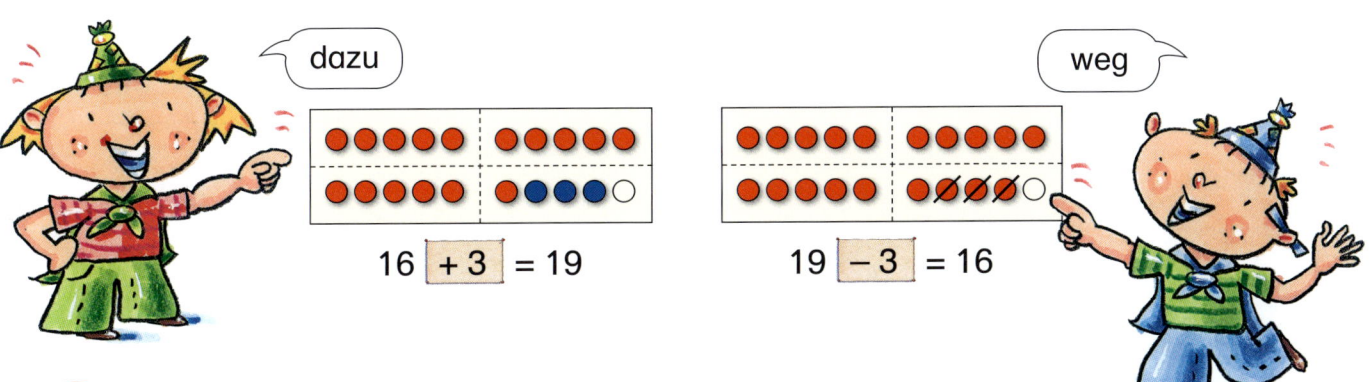

dazu

weg

$16 \boxed{+ 3} = 19$

$19 \boxed{- 3} = 16$

④ Schreibe Aufgabe und Umkehraufgabe auf.

1	6	+	3	=	1	9
1	9	–	3	=	1	6

a)
16 + 3
14 + 2
11 + 6
18 + 2

b)
15 + 2
12 + 4
14 + 6
15 + 3

c)
17 + 3
13 + 5
15 + 4
12 + 6

16, 16, 17, 17, 18, 18, 18, 19, 19, 20, 20, 20

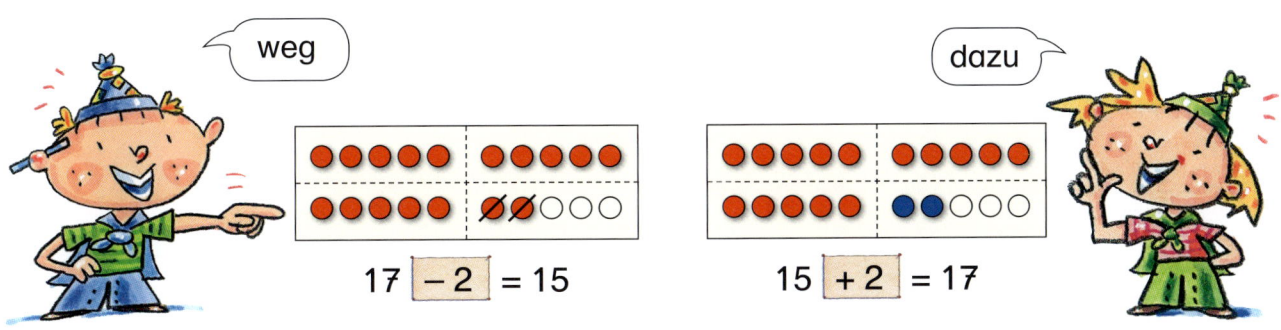

weg

dazu

$17 \boxed{- 2} = 15$

$15 \boxed{+ 2} = 17$

⑤ Schreibe Aufgabe und Umkehraufgabe auf.

1	7	–	2	=	1	5
1	5	+	2	=	1	7

a)
17 – 2
18 – 3
19 – 6
16 – 5

b)
16 – 3
14 – 3
17 – 5
18 – 4

c)
16 – 4
15 – 3
17 – 6
14 – 4

10, 11, 11, 11, 12, 12, 12, 13, 13, 14, 15, 15

⑥ Die Plusaufgabe hilft. Rechne sie zuerst.

12 + 3 = 15  15 – 12 = 3

1	2	+		3	=	1	5
1	5	–	1	2	=		3

a)
15 – 12
16 – 14
17 – 16
19 – 13

b)
19 – 17
20 – 16
17 – 15
16 – 13

c)
15 – 14
18 – 16
13 – 11
20 – 17

1, 1, 2, 2, 2, 2, 2, 3, 3, 3, 4, 6

2 Plusaufgaben

| 12 | 5 | 17 |

$12 + 5 = 17$ $17 - 5 = 12$

$5 + 12 = 17$ $17 - 12 = 5$

2 Minusaufgaben

① Drei Zahlen – vier Aufgaben: Rechne.

a) 14 2 16

1	4	+		2	=	1	6
		2	+	1	4	=	
1	6	–		2	=	
1	6	–	1	4	=	

b) 13 4 17

c) 11 3 14

d) 19 2 17

e) 2 16 18

② Wie heißt die dritte Zahl? Es gibt immer 2 Möglichkeiten.
Rechne und erkläre.

a) 17 2 ?

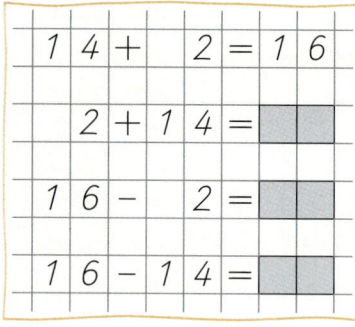

19 15

b) 10 8 ?

c) 16 ? 3

d) 17 3 ?

e) 5 ? 14

 f) Rechne mit deinen Zahlen.   ? ? ?

3 Entdeckerpäckchen: Rechne.

a)
```
13 + 2
13 + 3
13 + 4
13 + 5
13 + 6
```

b)
```
12 + 4
13 + 4
14 + 4
15 + 4
16 + 4
```

c)
```
18 − 2
18 − 3
18 − 4
18 − 5
18 − 6
```

d)
```
19 − 4
19 − 3
19 − 2
19 − 1
19 − 0
```

 Was habt ihr entdeckt?

Beim ersten Päckchen …

Die erste Zahl …

Wenn die zweite Zahl …, dann …

4 Rechne. Wie geht es weiter?
Finde mindestens 2 Aufgaben.

a)
```
10 + 1
11 + 2
12 + 3
…
```

b)
```
19 + 1
18 + 2
17 + 3
…
```

c)
```
16 − 5
17 − 6
18 − 7
…
```

d)
```
20 − 7
19 − 6
18 − 5
…
```

 5 Erfinde eigene Entdeckerpäckchen.
Schreibe sie in dein 📖.

 6 Welche Aufgabe passt nicht ins Päckchen?
Setze die passende Aufgabe ein und rechne.

a)
```
14 + 5
15 + 4
16 + 4
17 + 2
18 + 1
```

b)
```
20 + 0
18 + 1
16 + 2
14 + 3
13 + 4
```

c)
```
20 − 0
19 − 2
18 − 4
17 − 4
16 − 8
```

d)
```
17 − 7
18 − 6
19 − 5
20 − 6
21 − 3
```

Vorwärts und rückwärts über die 10

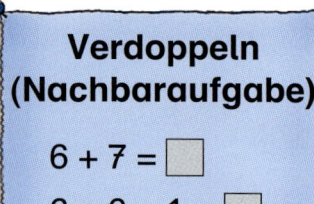

Verdoppeln (Nachbaraufgabe)

6 + 7 = ☐
6 + 6 + 1 = ☐

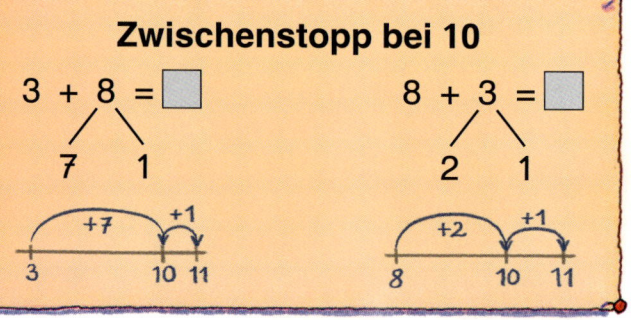

Zwischenstopp bei 10

3 + 8 = ☐
7   1

8 + 3 = ☐
2   1

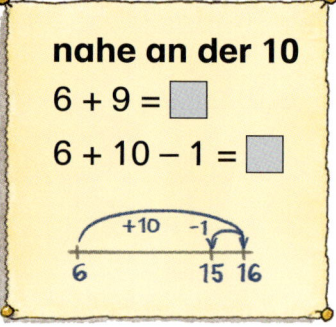

nahe an der 10

6 + 9 = ☐
6 + 10 − 1 = ☐

---

1 Überlege: Wie rechnest du geschickt? Hilft dir der Rechenstrich?

a)	b)	c)	d)
8 + 6	8 + 4	8 + 9	2 + 9
7 + 5	7 + 9	7 + 6	3 + 9
9 + 4	8 + 7	6 + 5	4 + 8
8 + 8	5 + 7	5 + 9	6 + 6

 Vergleicht eure Rechenwege.

2 a) Suche und rechne Aufgaben, bei denen Verdoppeln hilft.

b) Suche und rechne Aufgaben, bei denen nahe an der 10 hilft.

c) Erfinde zu a) und b) noch mehr Aufgaben.

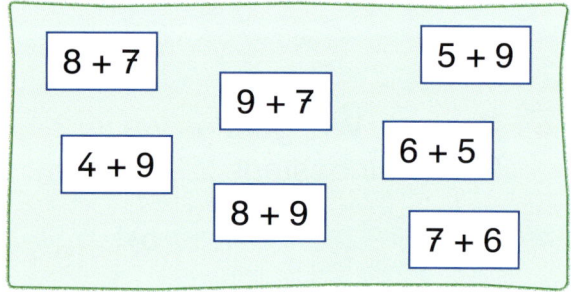

8 + 7   5 + 9
9 + 7
4 + 9   6 + 5
8 + 9
7 + 6

3 Rechne auf deinem Weg.

a)	b)	c)	d)
8 + 7	3 + 8	4 + 7	7 + 5
9 + 5	6 + 7	9 + 6	6 + 8
7 + 6	4 + 9	4 + 8	8 + 5
5 + 9	9 + 3	3 + 8	9 + 9
13, 14, 14, 15	11, 12, 13, 13	11, 11, 12, 15	12, 13, 14, 18

Erkläre einen Rechenweg in deinem 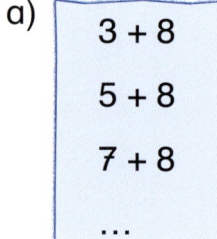.

4 Rechne. Wie geht es weiter?

a)	b)	c)	d)
3 + 8	6 + 3	5 + 6	2 + 6
5 + 8	6 + 5	4 + 7	3 + 7
7 + 8	6 + 7	3 + 8	4 + 8
…	…	…	…

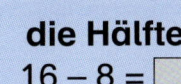
die Hälfte
16 − 8 = ☐

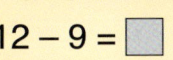 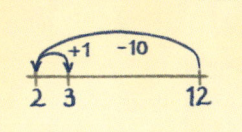
Zwischenstopp bei 10
15 − 7 = ☐
         5   2

−2   −5
8   10   15

nahe an der 10
12 − 9 = ☐
12 − 10 + 1 = ☐

+1 −10
2 3   12

5 Überlege: Wie rechnest du geschickt? Hilft dir der Rechenstrich?

a) 13 − 7   b) 12 − 8   c) 14 − 7   d) 17 − 9

   15 − 8   15 − 7   15 − 9   16 − 7

   16 − 9   18 − 9   17 − 8   12 − 6

   12 − 5   13 − 9   14 − 8   13 − 6

 Vergleicht eure Rechenwege.

6 a) Suche und rechne Aufgaben, bei denen
       die Hälfte hilft.

   b) Suche und rechne Aufgaben, bei denen
      nahe an der 10 hilft.

   c) Erfinde zu a) und b) noch mehr Aufgaben.

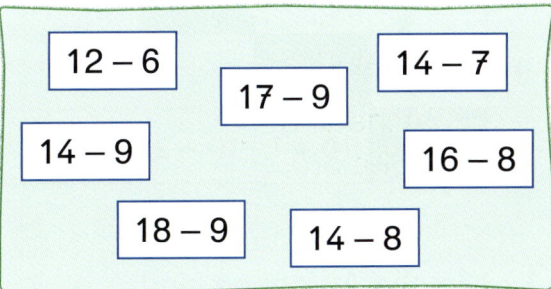

12 − 6   14 − 7
        17 − 9
14 − 9   16 − 8
     18 − 9   14 − 8

7 Rechne auf deinem Weg. Überprüfe mit der Umkehraufgabe.

a) 13 − 8   b) 13 − 7   c) 11 − 4   d) 14 − 7

   11 − 6   15 − 6   12 − 7   14 − 5

   18 − 9   12 − 9   16 − 9   12 − 3

   12 − 6   17 − 9   13 − 8   11 − 9

Erkläre einen Rechenweg in deinem 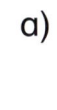.

8 Rechne. Wie geht es weiter?

a)   b)   c)   d)
  12 − 6   13 − 5   14 − 9   11 − 5
  13 − 6   13 − 6   13 − 8   12 − 6
  14 − 6   13 − 7   12 − 7   13 − 7
  …   …   …   …

11

In der (1 + 1) Tabelle sind alle Aufgaben bis 20 geordnet.

+	0	1	2	3	4	5	6	7	8	9	10
0	0 + 0	0 + 1	0 + 2	0 + 3	0 + 4	0 + 5	0 + 6	0 + 7	0 + 8	0 + 9	0 + 10
1	1 + 0	1 + 1	1 + 2	1 + 3	1 + 4	1 + 5	1 + 6	1 + 7	1 + 8	1 + 9	1 + 10
2	2 + 0	2 + 1	2 + 2	2 + 3	2 + 4	2 + 5	2 + 6	2 + 7	2 + 8	2 + 9	2 + 10
3	3 + 0	3 + 1	3 + 2	3 + 3	3 + 4	3 + 5	3 + 6	3 + 7	3 + 8	3 + 9	3 + 10
4	4 + 0	4 + 1	4 + 2	4 + 3	4 + 4	4 + 5	4 + 6	4 + 7	4 + 8	4 + 9	4 + 10
5	5 + 0	5 + 1	5 + 2	5 + 3	5 + 4	5 + 5	5 + 6	5 + 7	5 + 8	5 + 9	5 + 10
6	6 + 0	6 + 1	6 + 2	6 + 3	6 + 4	6 + 5	6 + 6	6 + 7	6 + 8	6 + 9	6 + 10
7	7 + 0	7 + 1	7 + 2	7 + 3	7 + 4	7 + 5	7 + 6	7 + 7	7 + 8	7 + 9	7 + 10
8	8 + 0	8 + 1	8 + 2	8 + 3	8 + 4	8 + 5	8 + 6	8 + 7	8 + 8	8 + 9	8 + 10
9	9 + 0	9 + 1	9 + 2	9 + 3	9 + 4	9 + 5	9 + 6	9 + 7	9 + 8	9 + 9	9 + 10
10	10 + 0	10 + 1	10 + 2	10 + 3	10 + 4	10 + 5	10 + 6	10 + 7	10 + 8	10 + 9	10 + 10

① Welche Aufgaben sind …

a) … rot gefärbt?

b) … grün gefärbt?

c) … gelb gefärbt?

Was fällt dir auf?

Die erste Zahl …

Die zweite Zahl …

… Verdopplungs-
aufgabe …

② Welche Aufgaben liegen nebeneinander?
Was fällt dir auf?

Das Ergebnis …

③ Welche Aufgaben liegen untereinander?
Was fällt dir auf?

… wird immer
um 1 größer.

④ Welche Aufgaben kannst du schon schnell im Kopf rechnen?
Rechne mit deinem Partner.

5 Rechne …

    a) … alle Verdopplungsaufgaben.

    b) … alle Aufgaben mit Ergebnis 10.

    c) … alle (5 +) oder (+ 5) Aufgaben.

    d) … alle (10 +) oder (+ 10) Aufgaben.

Diese Aufgaben musst du dir gut merken!

6 Verdopplungsaufgaben und Nachbaraufgaben: Rechne.

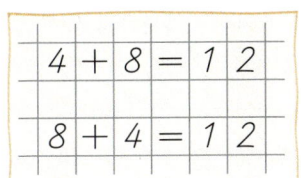

| 1 + 1 = 2 |
| 1 + 2 = 3 |
| 1 + 0 = 1 |

| 1 + 1 | 2 + 2 | 3 + 3 | 4 + 4 | 5 + 5 |
| 6 + 6 | 7 + 7 | 8 + 8 | 9 + 9 | 10 + 10 |

7 Finde die Tauschaufgabe. Rechne.

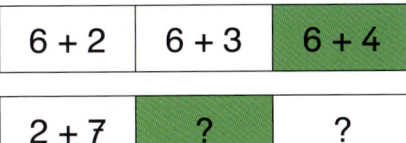

| 4 + 8 = 1 2 |
| 8 + 4 = 1 2 |

| 4 + 8 | 6 + 7 | 7 + 9 | 4 + 9 | 6 + 8 |

8 Ausschnitte aus der (1 + 1) Tabelle. Rechne.

| 6 + 2 | 6 + 3 | 6 + 4 |
| 2 + 7 | ? | ? |

| 7 + 8 | 7 + 9 | 7 + 10 |
| ? | ? | 10 + 9 |

| 6 + 4 |
| 7 + 4 |
| 8 + 4 |

| 4 + 8 |
| 5 + 8 |
| 6 + 8 |

| 3 + 10 |
| ? |
| ? |

| 5 + 6 |
| ? |
| ? |

| ? |
| ? |
| 10 + 8 |

 Suche selbst Ausschnitte und rechne.

 9 Welche Aufgaben sind für dich noch schwierig? Schreibe in dein 📖 und rechne.

① Haustiere in der Klasse 2a

Erzähle zum Schaubild.

Die wenigsten Kinder haben …

?

3 Kinder haben …

Die meisten Kinder haben …

… Kinder haben Fische.

② Zeichne ein Schaubild dazu – für jedes Tierbild ein Kästchen.

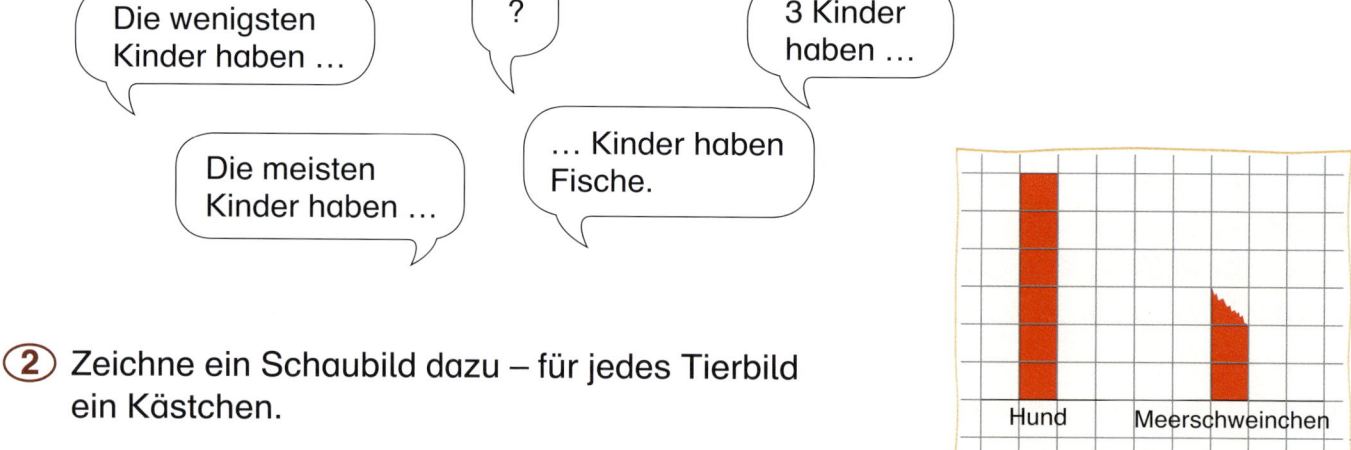

③ Ergebnisse der Klasse 2b:

Hamster	Hund	Katze	Maus	Vogel	Fische	Meerschweinchen
I I I /	ЖҤ I I	ЖҤ I I I	I I	I	I I	/ I I /

Zeichne dazu ein Schaubild.

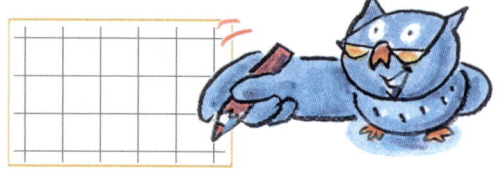

Sie nach, wer die meisten Striche hat. Du weißt dann, wie viel Platz du brauchst.

 ④ Vergleicht eure Schaubilder von ② und ③.

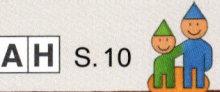

5 Führt diese Umfrage in eurer Klasse durch.
Erstellt ein Schaubild.

6 Wie lange leben Haustiere?

Tier	kann … Jahre alt werden
🐕	10 – 14
🐈	12 – 14
🐰	5 – 10
🐹	6 – 8
🐁	2 – 3
🐭	2 – 3
🦜	50
🐦	10 – 15
🐟	30 – 40

Beantworte die Fragen:

a) Welches Tier wird am ältesten?

b) Welche Tiere leben …

… länger als 10 Jahre?
… kürzer als 5 Jahre?

c) Was kannst du noch aus der Tabelle ablesen?

 7 So lange schlafen Tiere:

Ein Kaninchen schläft 9 Stunden.
Eine Katze schläft 4 Stunden länger.
Der Hund schläft 2 Stunden weniger als die Katze.

Das Pferd schläft 5 Stunden weniger als das
Meerschweinchen. Dieses braucht 8 Stunden Schlaf.

Der Goldhamster schläft 14 Stunden.
Maus und Ratte schlafen jeweils 1 Stunde weniger.

a) Erstelle eine Tabelle zur Schlafdauer.

b) Vergleiche: Welche Tiere schlafen …
 • … am längsten?
 • … am kürzesten?
 • … gleich lang?

Tier	Schlafdauer
Kaninchen	9 Std.
Katze	…

Kompetenz: Darstellen **15**

Gerade und ungerade Zahlen

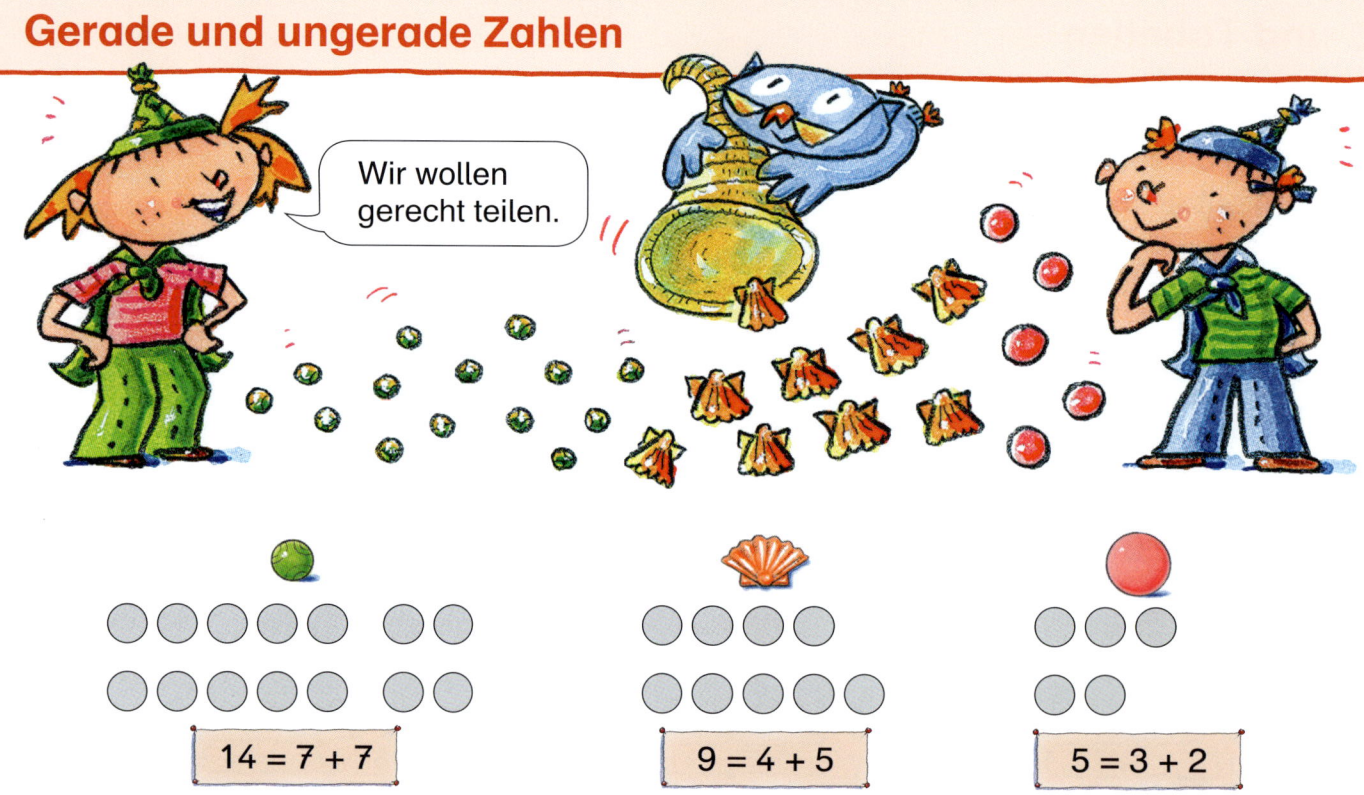

"Wir wollen gerecht teilen."

14 = 7 + 7

9 = 4 + 5

5 = 3 + 2

① **Was fällt dir auf? Wurde alles gerecht verteilt?**

② **Welche Zahlen kann man in zwei gleiche Teile zerlegen?**

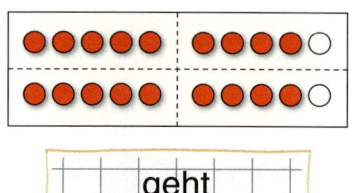

geht
1 8 = 9 + 9

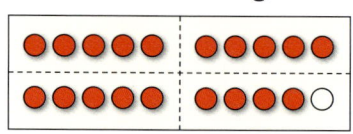

geht nicht
1 9 = 1 0 + 9

Untersuche mit deinen Plättchen auch diese Zahlen.

20	8	12	3	13

7	15	16	17

> Zahlen, die man in 2 gleiche Teile zerlegen kann, heißen **gerade Zahlen**.
> Zahlen, die man nicht in 2 gleiche Teile zerlegen kann, heißen **ungerade Zahlen**.

 ③ **Gerade oder ungerade? Ordnet die Zahlen von 1 bis 20 richtig zu. Was fällt euch auf?**

"Achtet auf die Ziffern an der Einerstelle!"

"Wenn an der Einerstelle eine … steht, dann ist die Zahl …"

gerade Zahlen:	2, …
ungerade Zahlen:	1, …

Entdecken und begründen

4 Untersuche Plusaufgaben mit geraden und ungeraden Zahlen. Erkläre.

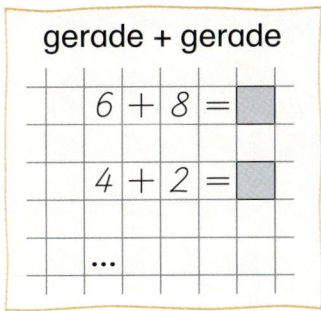

gerade + gerade

$6 + 8 = $

$4 + 2 = $

…

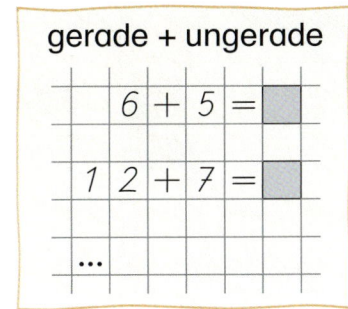

gerade + ungerade

$6 + 5 = $

$12 + 7 = $

…

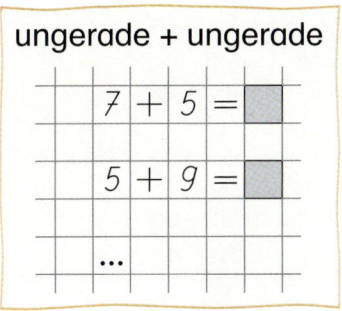

ungerade + ungerade

$7 + 5 = $

$5 + 9 = $

…

Ich habe entdeckt, dass jedes Ergebnis …

Wenn ich zwei ungerade Zahlen zusammenzähle, **dann** …

Was fällt dir auf?

Warum ist das so?

Eine gerade und eine ungerade Zahl ergeben zusammen …

?

Tipp: Begründe mit Plättchen.

5 Gelten deine Entdeckungen von Aufgabe **4** immer?

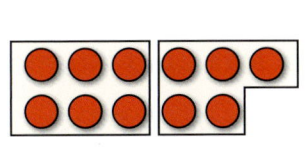

Wenn ich 6 und 5 Plättchen aneinander lege, …
Genauso ist es bei …

Wenn ich zwei ungerade Zahlen aneinander lege, …

6 Wie ist das bei Minusaufgaben? Die Plättchen helfen dir.

gerade – gerade

$12 - 6 = $

…

gerade – ungerade

$14 - 7 = $

…

ungerade – ungerade

$13 - 5 = $

…

① Auf diesem Schulhof ist viel los. Erzähle.

rechts	rechts von	über	unter	links	vor
hinter	auf	links von

② Verschiedene Standorte

a) Was ist rechts von dir?
   Was ist links von dir?

🔴 Du siehst in Richtung Schulgebäude.

🟢 Du blickst in Richtung Karussell.

🟡 Du siehst in Richtung Murmelbahn.

b) Was ist vor dir?
   Was ist hinter dir?

🟠 Du siehst in Richtung Klettergerüst.

🔵 Du blickst in Richtung Murmelbahn.

? Erfinde selbst solche Rätsel.

Rechts von mir ist …

Links von mir ist …

Vor mir ist …

Hinter mir ist …

③ Gestaltet ein Plakat mit eurem Traum-Pausenhof.
Markiert Standorte und stellt Fragen wie in Aufgabe ②.

④ Von welchem Standort aus wurden diese Bilder gemacht?

a)

b)

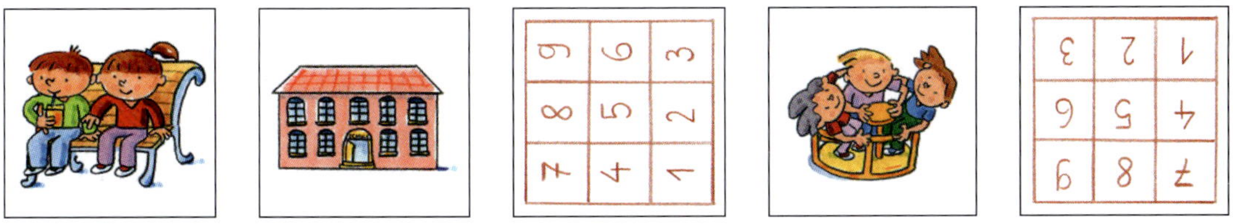

9	6	3
8	5	2
7	4	1

3	2	1
6	5	4
9	8	7

Schreibe so auf: a) ⬤

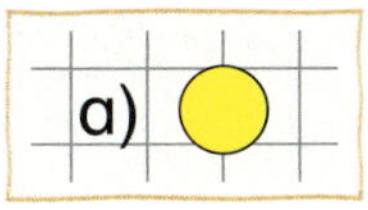

⑤ „Kopfgeometrie": Springen auf dem Neunerfeld

7	8	9
4	5	6
1	2	3

a)
Eva startet bei 1:

Sie springt eins nach rechts und zwei nach vorne.

Wo landet sie?

b)
Eva startet bei 2:

Sie springt zwei nach vorne und eins nach links.

Wo landet sie?

c)
Eva startet bei 4:

Sie springt zwei nach rechts, eins nach vorne und zwei nach links?

Wo landet sie?

d) Erfindet selbst solche Rätsel.

19

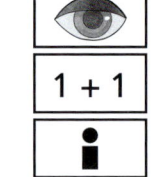

1 a) Stelle Fragen zum Bild. Schreibe sie auf.

b) Welche Fragen kannst du beantworten, ohne zu rechnen? 👁

Bei welchen Fragen musst du rechnen? `1 + 1`

Bei welchen Fragen brauchst du weitere Informationen? **i**

👁	`1 + 1`	**i**
Wie viele Kinder sind an der Rutsche?	…	…

2 Wie viel kostet der Eintritt für jede Familie?

Familie Müller

Familie Schein

Familie Krug

deine Familie

Für welche Familie ist eine Familienkarte billiger?

3 Rechne.

a)

Einen Obstsalat,
1-mal Pommes
und 2-mal Saft, bitte.

b)

Ich möchte
2 Brezeln und
1 Saft.

c)

Ich kaufe
3 Gummischlangen
und 1 Eis.

d)

Reichen 5 € für
Eintritt, Essen und
Getränke?

e)

Ich darf für 5 €
einkaufen.

f)

Ich …

4 Du feierst deinen Geburtstag mit deinen Freunden im Schwimmbad.
Ihr bekommt auch ein Eis.
Was kostet der Schwimmbadbesuch?

i

1 Lege und schreibe die Rechnung auf.

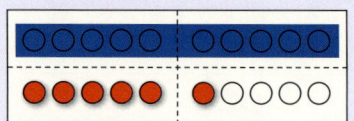

$$1\,0 + 6 = \boxed{}$$

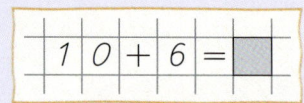

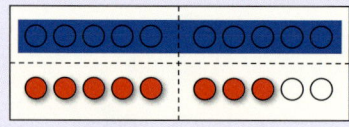

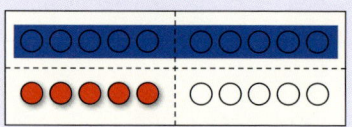

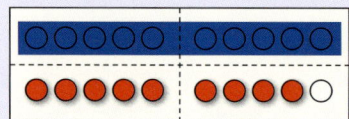

2 Immer 10: Welche Zahl fehlt? Rechne in deinem Heft.

$$7 + \boxed{} = 1\,0$$

a) $7 + \square = 10$

   $6 + \square = 10$

   $2 + \square = 10$

b) $1 + \square = 10$

   $4 + \square = 10$

   $0 + \square = 10$

c) $5 + \square = 10$

   $3 + \square = 10$

   $9 + \square = 10$

Immer 9, immer 8, immer 7: Schreibe in dein 📖.

3 Verdopple.

$$7 + 7 = 1\,4$$

a) $7 + 7$

   $2 + 2$

   $4 + 4$

b) $3 + 3$

   $5 + 5$

   $8 + 8$

c) $9 + 9$

   $6 + 6$

   $10 + 10$

4 Halbiere in deinem Heft.

$$1\,2 = 6 + 6$$

a) $12 = \square + \square$

   $18 = \square + \square$

   $14 = \square + \square$

b) $10 = \square + \square$

   $6 = \square + \square$

   $20 = \square + \square$

c) $8 = \square + \square$

   $16 = \square + \square$

   $4 = \square + \square$

5 Suche die verwandte Aufgabe. Rechne.

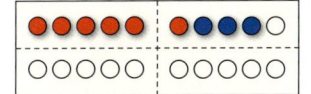 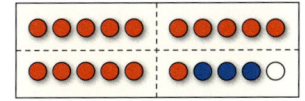  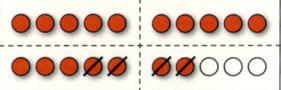

| 6 + 3 | 16 + 3 | 7 − 4 | 17 − 4 |

a) 16 + 3   14 + 3   b) 17 − 4   18 − 6
   11 + 9   16 + 2   16 − 3   19 − 7

6 Welche Verdopplungsaufgaben helfen?

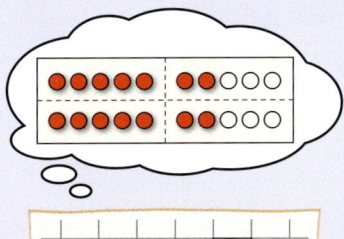

7 + 8 = ☐
7 + 7 = ☐

a) 7 + 8   b) 9 + 8   c) 7 + 6
   5 + 6   6 + 5   8 + 9
   6 + 7   8 + 7   5 + 4
   4 + 5   5 + 4   6 + 7

7 Zwischenstopp bei 10

6 + 8 = 1 4
  /   \
 4   4

a) 6 + 8   b) 3 + 8   c) 9 + 6
   4 + 9   5 + 9   8 + 5
   7 + 5   2 + 9   7 + 4
   8 + 4   9 + 4   6 + 7

8 Zwischenstopp bei 10

1 6 − 7 = 9
    / \
   6   1

a) 16 − 7   b) 11 − 3   c) 13 − 6
   13 − 5   14 − 8   11 − 4
   14 − 6   11 − 5   12 − 7
   12 − 5   17 − 9   15 − 6

Zehner und Einer

Wie viele sind das wohl?

Ich zeichne und schreibe so:
5 Zehner, 2 Einer.

 1 Nehmt viele Würfel: Schätzt, ordnet und zählt wie Bim.

2 Zeichne und trage in die Stellenwerttafel ein. Lege mit den Karten.

a)    Schreibe so: 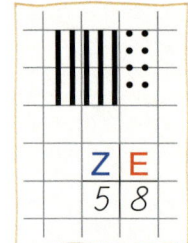   Lege so:

b) 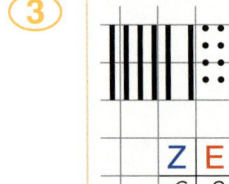   c)    d) 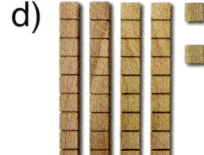   e)    f)

3

Z	E
6	8

a) |||||| :::   b) |||| :   c) |||||| ||| :::   d) ||||| |:

e) :::   f) || g) |||| :   h) ||| :::

4

Z	E
4	5

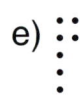

a)
Z	E
4	5

b)
Z	E
9	2

c)
Z	E
1	8

d)
Z	E
7	0

e)
Z	E
6	3

f)
Z	E
0	4

g)
Z	E
8	6

h)
Z	E
3	7

5
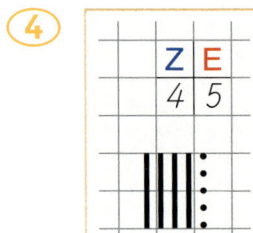

Z	E
3	5

a) 3 5   b) 8 2   c) 7 8

d) 1 4   e) 9 6   f) 5 0   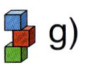 g) **?**

6 Lege und schreibe diese Zahlen.

a)
Z	E

b)
Z	E

c)
Z	E

d)
Z	E

e)
Z	E

f)
Z	E
?	?

Ein Zehner – ein Plättchen in die Zehnerspalte!
Ein Einer – ein Plättchen …

7 Lege in jeder Stellenwerttafel von ⑥ jeweils ein Plättchen dazu.
Welche Zahlen können entstehen? Schreibe auf.

a)
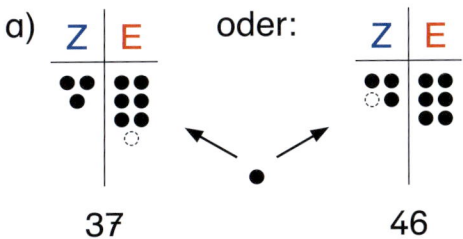

37   oder: 46

b)
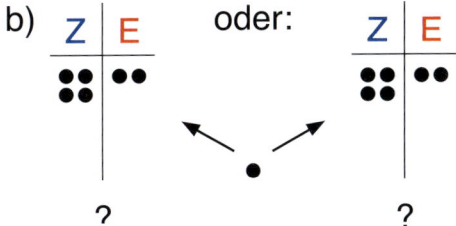

?   oder: ?

8 Nimm aus jeder Stellenwerttafel von ⑥ jeweils ein Plättchen weg.
Welche Zahlen können entstehen?
Schreibe auf.

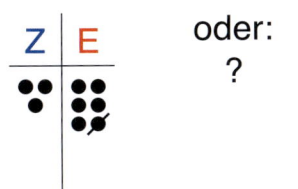

oder: ?

9 Verschiebe in jeder Stellenwerttafel von ⑥ ein Plättchen.
Welche Zahlen können entstehen?
Schreibe auf.

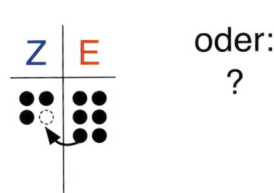

oder: ?

10 Nehmt 4 Plättchen.
Legt sie in die Stellenwerttafel.

a) Wie viele verschiedene Zahlen findet ihr?
   Schreibt sie auf.

b) Wie heißt die größte, wie die kleinste Zahl?

c) Versucht es jetzt mit 5, 7, 8, … Plättchen.

31 ist ziemlich groß.

22 geht auch.

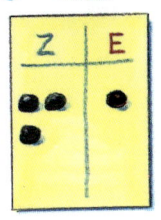
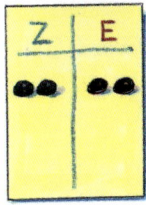

Das Hunderterfeld

1 Erkläre, was Bim meint.

2 Das Hunderterfeld

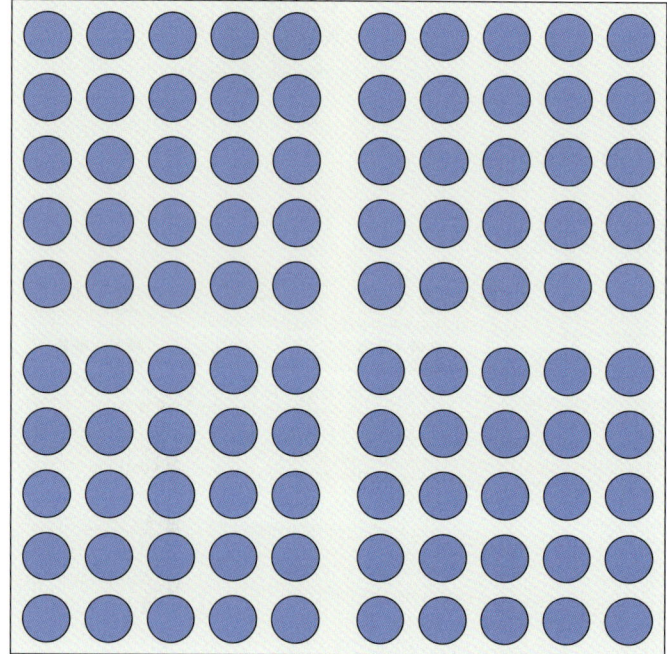

a) Vergleiche mit **1**:
  - Was ist gleich?
  - Was ist verschieden?

b) Zeige am Hunderterfeld und erkläre:
90, 50, 80, 100, 30, 70, 40, 10, 60, …

> 90, das sind 10 weniger als 100.

> ?

> 50, das ist die Hälfte des Feldes.

3 Zeige am Hunderterfeld und rechne in deinem Heft.

a) $10 + 10 = \square$
$20 + 10 = \square$
$30 + 10 = \square$
…

b) $20 + 20 = \square$
$40 + 20 = \square$
$60 + 20 = \square$
…

c) $10 + \square = 20$
$20 + \square = 40$
$30 + \square = 60$
…

d) $\square + 50 = 100$
$\square + 40 = 100$
$\square + 30 = 100$
…

4 a) $100 - 10 = \square$
$100 - 20 = \square$
$100 - 30 = \square$
…

b) $100 - 20 = \square$
$100 - 40 = \square$
$100 - 60 = \square$
…

c) $100 - \square = 80$
$90 - \square = 70$
$80 - \square = 60$
…

d) $\square - 50 = 50$
$\square - 40 = 50$
$\square - 30 = 50$
…

5 a) $100 = 60 + \square$
$100 = 50 + \square$
$100 = 70 + \square$

b) $100 = 40 + \square$
$100 = 20 + \square$
$100 = 90 + \square$

⭐ c) $100 = 10 + 10 + \square$
$100 = 20 + 20 + \square$
$100 = 25 + 25 + \square$

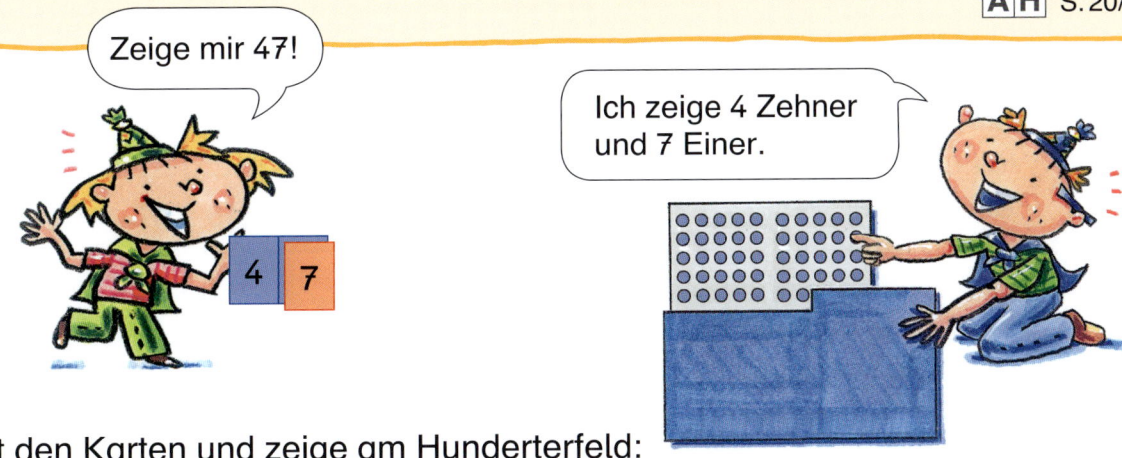

6 Lege mit den Karten und zeige am Hunderterfeld:
35, 68, 72, 91, …

7 a) Wie heißen diese Zahlen? Lege sie und schreibe sie auf.

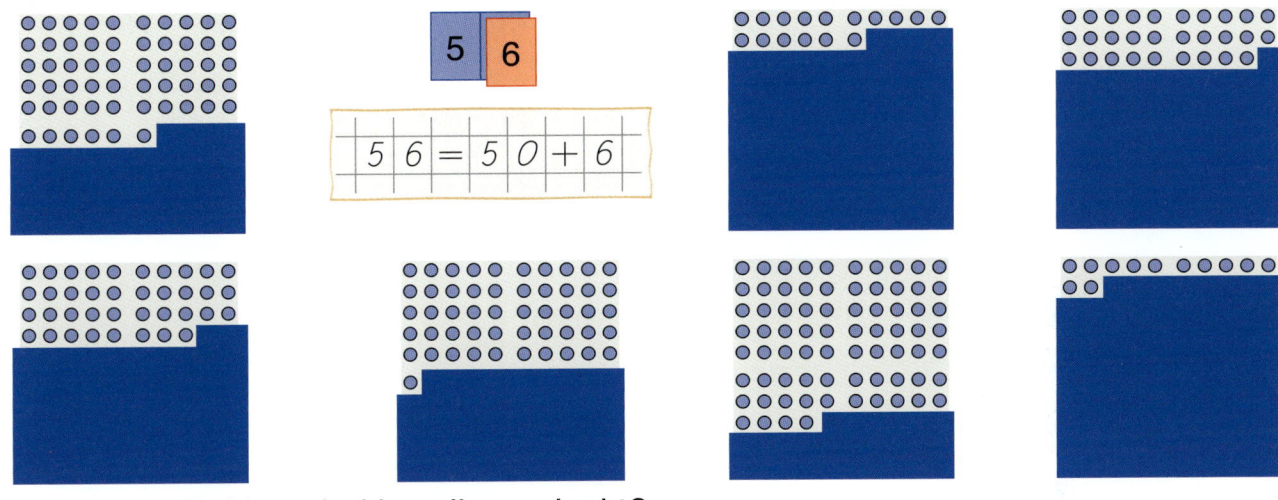

$$5\,6 = 5\,0 + 6$$

⭐ b) Welche Zahlen sind jeweils verdeckt?

8 a) Bilde möglichst viele Zahlen mit diesen Zahlenkarten. Schreibe sie auf.

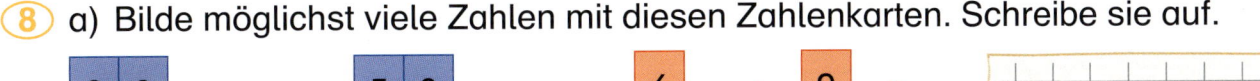

24, 26, …

⭐ b) Zeige die Zahlen aus a) am Hunderterfeld. Was fällt dir auf?

9 Spielt „Zehnerzahlen hören":
Welche Zehnerzahl hört ihr?

Ein Kind sagt eine Zahl, der Partner hält die Zehnerzahl hoch,
die zur genannten Zahl gehört.

Den Zahlen bis 100 auf der Spur

① a) Hast du eine Lieblingszahl?
Wo liegt sie?
Gestalte eine Seite zu deiner Zahl im 📖.

1	2	3	4	5	6	7	8	9	10
11	12	13	14	15	16	17	18	19	20
21	22	23	24	25	26	27	28	29	30
31	32	33	34	35	36	37	38	39	40
41	42	43	44	45	46	47	48	49	50
51	52	53	54	55	56	57	58	59	60
61	62	63	64	65	66	67	68	69	70
71	72	73	74	75	76	77	78	79	80
81	82	83	84	85	86	87	88	89	90
91	92	93	94	95	96	97	98	99	100

b) Kommt eine Zahl in der Hundertertafel doppelt vor?

c) Kennst du eine Zahl mit 2 Stellen, die hier nicht vorkommt?

d) Suche die Zahlen, die zwei gleiche Ziffern haben. Schreibe sie auf.

② Suche in der Hundertertafel alle Zahlen …

a) … mit 7 Einern.

b) … mit 4 Einern.

c) … mit 1 Einer.

Schreibe sie auf.
Was fällt dir auf?

7,	1 7,	…

③ Suche auch alle Zahlen …

a) … mit 3 Zehnern.

b) … mit 8 Zehnern.

c) … mit 9 Zehnern.

Schreibe sie auf.
Was fällt dir jetzt auf?

3 0,	3 1,	…

④ Gerade – ungerade Zahlen

Färbe in deiner Hundertertafel gerade Zahlen gelb und ungerade orange.
Erkennst du die Regel?
Schreibe sie auf.

1	2	3	4	5	6	7	8	9	10
11	12	13	14	15	16	17	18	19	20
21	22	23	24	25	26	27	28	29	30
31	32	33	34	35	36	37	38	39	40
41	42	43	44	45	46	47	48	49	50
51	52	53	54	55	56	57	58	59	60
61	62	63	64	65	66	67	68	69	70
71	72	73	74	75	76	77	78	79	80
81	82	83	84	85	86	87	88	89	90
91	92	93	94	95	96	97	98	99	100

5 Ausschnitte aus der Hundertertafel. Zeichne und trage die fehlenden Zahlen ein.

a)    b) 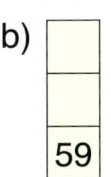 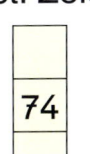   c) 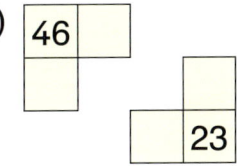   d) 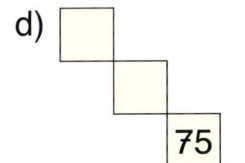   e)

?

6 Zeichne und trage die fehlenden Zahlen ein.

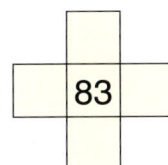      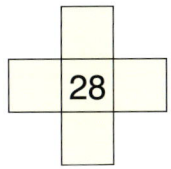   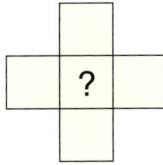

Vergleiche die äußeren Zahlen mit der mittleren Zahl.

Die linke Zahl ist um …

Die obere Zahl ist um …

7 Zeichne die Buchstaben und trage die fehlenden Zahlen ein.

a)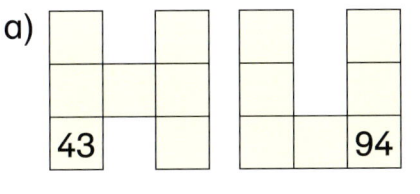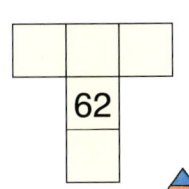

b) Welcher Buchstabe entsteht mit diesen Zahlen?
44, 45, 46, 36, 26, 25, 24, 34, 54, 64

 c) Erfindet selbst Buchstabenrätsel.

 8 Zahlenrätsel

a) Meine Zahl hat 3 Zehner und doppelt so viele Einer.

b) Meine Zahl steht in der Hundertertafel in der 6. Zeile und hat 2 Einer.

c) Meine Zahl steht in der Hundertertafel in der letzten Zeile und hat 2 gleiche Ziffern.

d) Meine Zahl hat eine 3 und eine 7.

e) Meine Zahl hat eine 8 und eine 1.

f)  ?

Manchmal gibt es mehrere Lösungen.

Hunderterseil und Zahlenstrahl

① a) Welche Zehnerzahlen siehst du am Hunderterseil?
   b) Welche Zehnerzahlen fehlen?
      Wo müssten sie am Hunderterseil hängen?

> Zwischen der 30 und der 50 fehlt die …

② Schreibe alle „Schnapszahlen" bis 100 auf.
   Einige davon hängen schon am Seil.
   Zeige sie am Zahlenstrahl.

1	1	,	2	2	,	…

③ Zähle und schreibe auf.
   a) von 20 bis 30

2	0	,	2	1	,	2	2	,	…	,	3	0

   b) von 60 bis 70   c) von 40 bis 50

   d) von 90 bis 100   e) von … bis …

④ Vorwärts und rückwärts zählen: Schreibe auf.
   a) 7, 8, …, …, …, …, …, 14   d) 13, 12, …, …, …, …, 7
   b) 17, 18, …, …, …, …, …, 24   e) 43, 42, …, …, …, …, 37
   c) 37, 38, …, …, …, …, …, 44   f) 73, 72, …, …, …, …, 67

⑤ Setze die Zahlenfolgen fort. Erkläre.
   a) 2, 4, 6, …, …, …, …, 16
   b) 21, 23, 25, …, …, …, …, 35
   c) 25, 30, 35, …, …, …, …, 60
   d) 85, 80, 75, …, …, …, …, 50
   e) 31, 34, 37, …, …, …, …, 52

   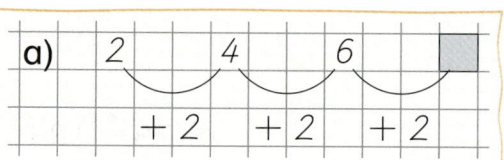

   f) 50, 48, 46, …, …, …, …, 36
   g) 99, 97, 95, …, …, …, …, 85
   h) 46, 50, 54, …, …, …, …, 74

⑥ Überlege: Kommt die 100 in der Zahlenfolge vor?
   a) 2, 4, 6, 8, 10, …   c) 5, 10, 20, 40, …
   b) 72, 69, 66, 63, …   d) 5, 10, 15, 20, …

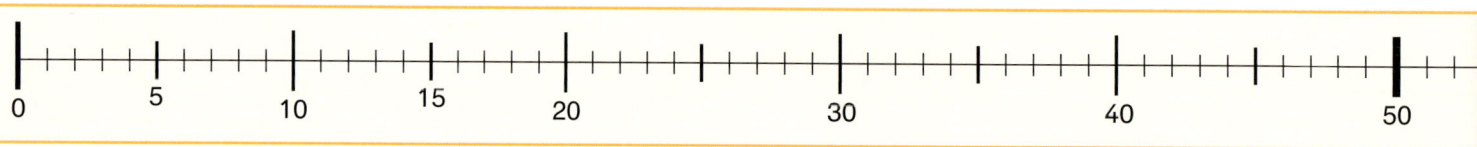

7 Zahlen und ihre Nachbarn: Schreibe auf.

Vorgänger		Nachfolger
3 3 ,	3 4 ,	3 5
,	6 4 ,	

a) 34
64
14
54

b) 72
92
22
42

c) 88
28
68
38

d) 10
50
90
70

8 Zwischen welchen Zehnern liegen diese Zahlen? Welcher Zehner liegt näher? Der Zahlenstrahl hilft dir.

a) 34, 73, 24, 59, 61, 18
b) 43, 37, 42, 95, 16, 81

34 liegt zwischen 30 und 40, aber näher bei 30.

Schreibe so:

3 0 < 3 4 < 4 0

9 Rechne zu den Nachbarzehnern.

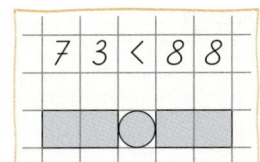

36	69	24	87	93
75	41	88	56	?

3 6 + 4 = 4 0
3 6 − 6 = 3 0

10 Vergleiche die Zahlen in deinem Heft. Setze ein: < > =.

7 3 < 8 8

a) 73 ◯ 88
52 ◯ 16
66 ◯ 58

b) 45 ◯ 92
58 ◯ 58
28 ◯ 17

c) 34 ◯ 43
84 ◯ 48
77 ◯ 26

11 Ordne die Zahlen der Größe nach. Verwende < oder >.

a)

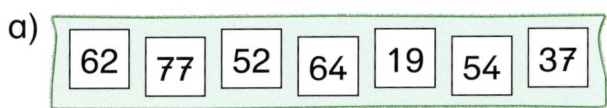

62 77 52 64 19 54 37

b)

45 26 25 73 91 77 46

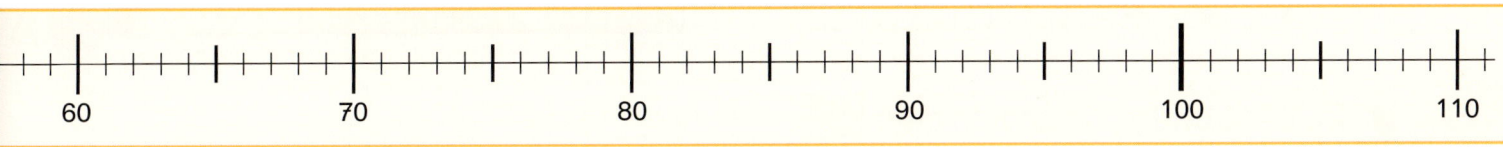

60 70 80 90 100 110

31

Figuren und Muster legen und zeichnen

Wie habe ich gelegt?

Ich lege Rechteck, Kreis, Halbkreis, …

Quadrat

Kreis

Rechteck

Dreieck

Halbkreis

1 Lege die Muster nach. Beschreibe.
Zeichne sie mit der Schablone.
Erfinde weitere Muster. Beschreibe.

2 Zeichne und setze fort.

a)
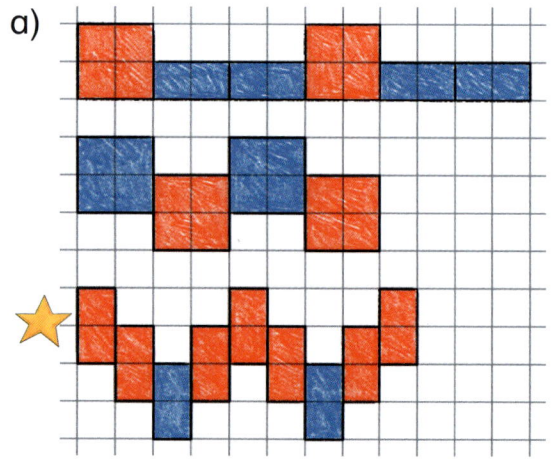

b)
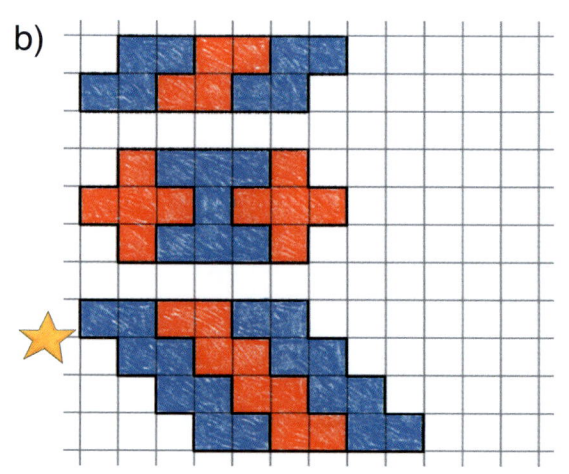

3 Erkläre, wie diese Muster entstehen.
Zeichne sie.

Immer 4 Kästchen bilden ein Quadrat.

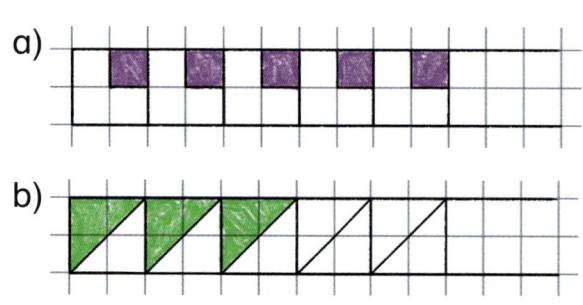

a)

b)

c)

 Zeichne andere Muster in dein 📖.

4 a) Erfindet Figuren mit 4, 5, 6, … Quadraten.
   Zeichnet jede Figur auf ein Blatt.

   b) Ordnet.

5 Mit wie vielen Quadraten ☐ wurden diese Figuren gelegt?
Vermute und überprüfe durch Nachlegen.

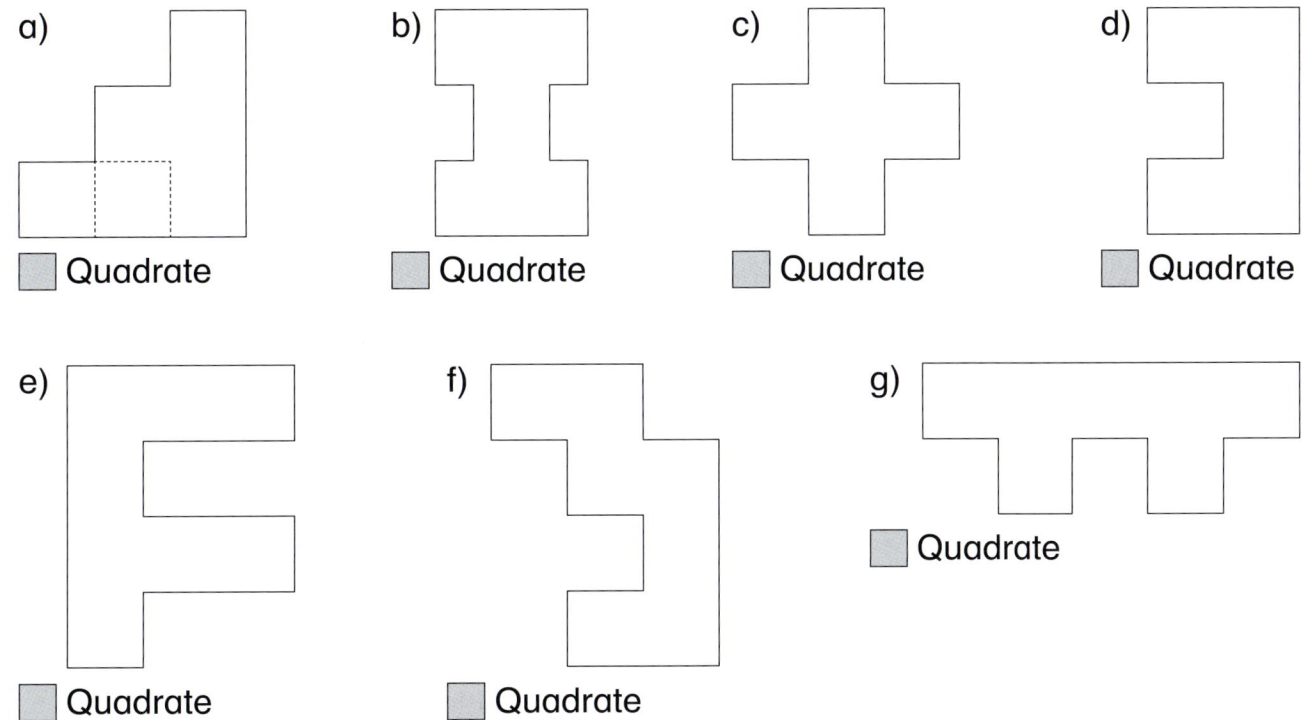

a) ▨ Quadrate

b) ▨ Quadrate

c) ▨ Quadrate

d) ▨ Quadrate

e) ▨ Quadrate

f) ▨ Quadrate

g) ▨ Quadrate

6 Mit wie vielen Dreiecken ◺ könntest du die Figuren auch legen?
Vermute und überprüfe durch Nachlegen.

7 Was kannst du aus Quadraten noch legen?
Wie viele Quadrate ☐ brauchst du?

Zehner und Einer – Plus und Minus

1 Setze die Reihen fort. Rechne.
Was fällt dir an den Ergebnissen auf?

a)  4 + 2

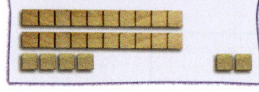 14 + 2

 24 + 2

… …

b) 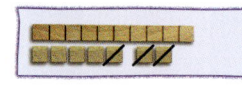 7 – 3

 17 – 3

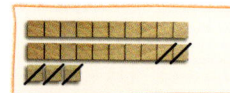 27 – 3

… …

	4 + 2 =		
1 4 + 2 =			

2 Aus kleinen Aufgaben große Aufgaben machen.
Lege, rechne und setze die Reihen fort.

a) 7 + 2
   17 + 2
   27 + 2
   …

b) 8 – 5
   18 – 5
   28 – 5
   …

c) 5 + 3
   15 + 3
   25 + 3
   …

d) 15 – 3
   25 – 3
   35 – 3
   …

 e) Erfinde selbst Aufgabenreihen.

3 Setze die Reihen fort. Rechne. Was fällt dir an den Ergebnissen auf?

a) 8 + 4
   $\overset{\wedge}{2\ \ 2}$

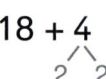 18 + 4
   $\overset{\wedge}{2\ \ 2}$

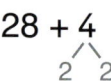 28 + 4
   $\overset{\wedge}{2\ \ 2}$

… …

b)  13 – 5
   $\overset{\wedge}{3\ \ 2}$

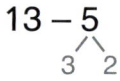  23 – 5
   $\overset{\wedge}{3\ \ 2}$

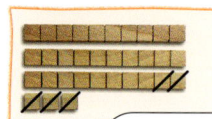 33 – 5
   $\overset{\wedge}{3\ \ 2}$

…

> Denke an den Zwischenstopp bei 10!

4 Aus kleinen Aufgaben große Aufgaben machen:
Lege, rechne und setze die Reihen fort.

a) 7 + 6
   17 + 6
   27 + 6
   …

b) 15 – 8
   25 – 8
   35 – 8
   …

c) 5 + 9
   15 + 9
   25 + 9
   …

d) 12 – 5
   22 – 5
   32 – 5
   …

5 Setze die Reihen fort. Rechne.
Was fällt dir an den Ergebnissen auf?

a)  23 + 10

 23 + 20

… …

b) 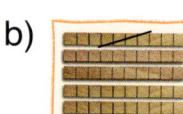 53 – 10

 53 – 20

… …

6 Lege, rechne und schreibe auf. Rechne immer mit dem Ergebnis weiter.

plus fünf

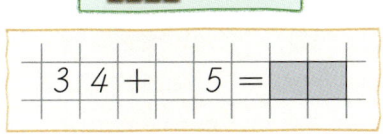

| 3 | 4 | + | | 5 | = | | |

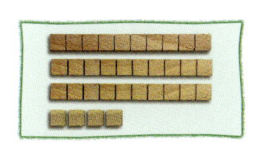 dazu

minus zwanzig

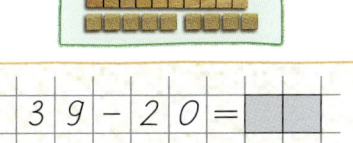

| 3 | 9 | − | 2 | 0 | = | | |

weg

plus vierzig

?

| 1 | 9 | + | | | = | | | |

... dazu

7 Lege und rechne in deinem Heft. Rechne immer mit dem Ergebnis weiter.

a) 45 + 3 = 48
48 − 20 = ☐
☐ − 6 = ☐
☐ + 50 = ☐
☐ + 5 = ☐
☐ + 3 = 80

b) 67 − 5 = ☐
☐ − 40 = ☐
☐ + 4 = ☐
☐ + 60 = ☐
☐ − 1 = ☐
☐ − 30 = 55

c) 13 + 70 = ☐
☐ − 20 = ☐
☐ − 2 = ☐
☐ + 30 = ☐
☐ − 1 = ☐
☐ + 10 = 100

d) 98 − 4 = ☐
☐ − 50 = ☐
☐ + 4 = ☐
☐ − 10 = ☐
☐ − 8 = ☐
☐ − 30 = 0

 e) Erfinde selbst Aufgabenreihen. Wer erfindet die längste Reihe?

 8 Beginne mit 48. Erfinde eine Reihe mit …

a) … 5 Rechnungen, die bei 100 endet.
b) … 4 Rechnungen, die bei 100 endet.
c) … 3 Rechnungen, die bei 100 endet.
d) … 2 Rechnungen, die bei 100 endet.

 9 Beginne mit 69. Erfinde eine Reihe mit …

a) … 4 Rechnungen, die bei 50 endet.
b) … 10 Rechnungen, die bei 50 endet.

$$58 + 36 = \boxed{}$$

Susanne

$$5\,8 + 3\,6 = \boxed{}$$
$$6\,0 + 3\,6 - 2 = \boxed{}$$

Jakob

$$5\,8 + 3\,6 = \boxed{}$$
$$8 + 6 = 1\,4$$
$$5\,0 + 3\,0 = 8\,0$$

Emil

$$5\,8 + 3\,6 = \boxed{}$$
$$5\,8 + 3\,0 = 8\,8$$
$$8\,8 + 6 = \boxed{}$$
$$2 \quad 4$$

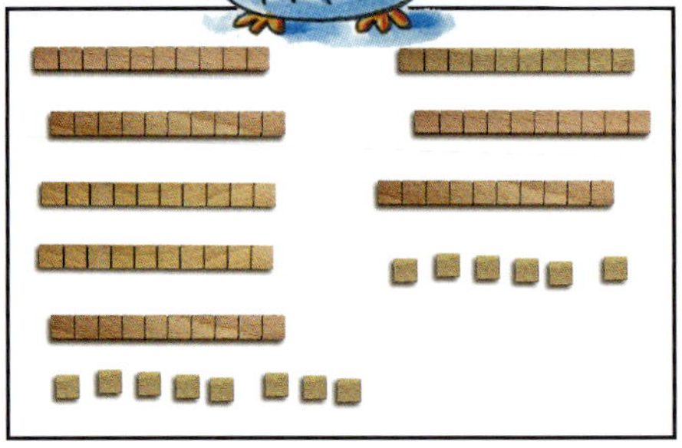

Jonas

$$5\,8 + 3\,6 = \boxed{}$$
$$5\,8 + 6 + 3\,0 = \boxed{}$$

Katharina

$$5\,8 + 3\,6 = \boxed{}$$
$$5\,0 + 3\,0 = 8\,0$$
$$8 + 6 = 1\,4$$

Mateja

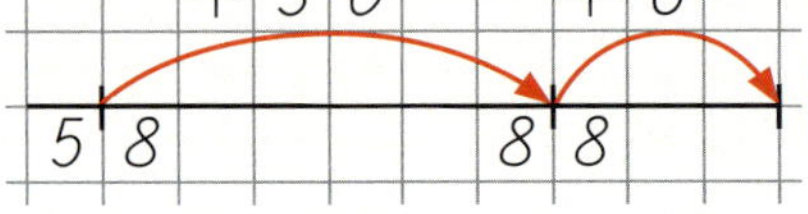

$$+3\,0 \qquad +6$$
$$5\,8 \qquad\qquad 8\,8$$

Magdalena

$$+2 \qquad +3\,4$$
$$5\,8 \quad 6\,0$$

① Wie rechnest du? Ist dein Weg dabei? Vergleicht eure Rechenwege.

② Beschreibe die Rechenwege der Kinder oben.

③ Welche Erklärung passt zu welchem Rechenweg oben?

a)  Zehner plus Zehner, Einer plus Einer.

b)  Erst plus Zehner, dann die Einer dazu.

c)  Zum vollen Zehner und dann weiter.

d)  Einer plus Einer, Zehner plus Zehner.

④ Lege und rechne auf deinem Weg.

Ich zeige es mit Stangen und Würfeln.

$$67 + 14$$

$$57 + 28 \qquad 38 + 26 \qquad 46 + 25 \qquad 74 + 17$$

5 Verwandte Aufgaben: Rechne auf deinem Weg.
Was bleibt gleich? Was ändert sich?

a)
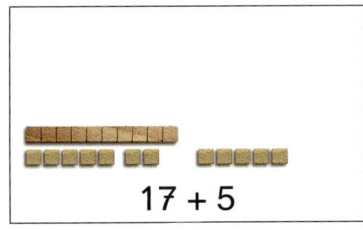

17 + 5   57 + 25   37 + 15

b)
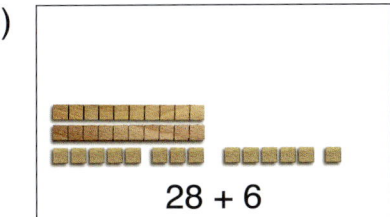

28 + 6   38 + 16   58 + 36

c)
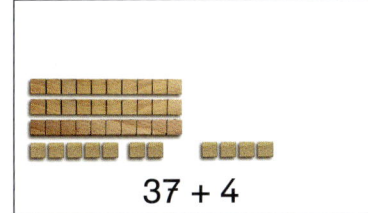

37 + 4   57 + 14   67 + 24

6 Die Einer bleiben immer gleich. Rechne auf deinem Weg.
 Finde weitere passende Aufgaben.

a) 28 + 5	b) 39 + 3	c) 57 + 6	d) 14 + 8
38 + 25	39 + 33	57 + 26	24 + 58
58 + 15	59 + 23	37 + 36	14 + 68
…	…	…	…

7 Rechne wie Emil. Erkläre.

a) 49 + 17	b) 36 + 55	c) 34 + 57	d) 68 + 24
57 + 25	78 + 18	25 + 68	73 + 16

8 Rechne wie Susanne. Erkläre.

a) 39 + 15	b) 24 + 68	c) 75 + 18	d) 17 + 58
48 + 26	59 + 43	69 + 13	73 + 19

Plusaufgaben bis 100 üben

Simsala ordnet Plusaufgaben.

leicht	schwierig
54 + 32	54 + 37
43 + 3	43 + 8
26 + 10	26 + 17

56 + 31   64 + 7

28 + 19   69 + 27

72 + 6   56 + 22

75 + 20   47 + 8

① a) Wie ordnet Simsala?
Welche Aufgaben sind für sie leicht, welche schwierig?

b) Ordne wie Simsala alle Aufgaben. Rechne.

② Bilde mit diesen Zahlen Plusaufgaben und rechne.
Ordne die Aufgaben. Schreibe in dein .

3   5
8

11   24   96

19   35   37

für mich leicht	für mich schwierig
2 4 + 3 = 2 7	3 5 + 1 9 = ▢
8 + 5 = ▢	...

③ Rechne auf deinem Weg.

a)
64 + 17
43 + 35
18 + 36

b)
45 + 13
26 + 29
38 + 43

c)
78 + 17
82 + 18
66 + 17

d)
56 + 27
23 + 35
38 + 36

54, 55, 58, 78, 81, 81   74, 58, 83, 83, 95, 100

e)
17 + 42
39 + 15
43 + 27

f)
69 + 23
27 + 22
25 + 75

g)
19 + 61
22 + 27
38 + 54

h)
39 + 47
26 + 43
56 + 24

49, 54, 59, 70, 92, 100   49, 69, 80, 80, 86, 92

4 Nahe beim vollen Zehner

$36 + 29 = \square$

$36 + 30 - 1 = 65$

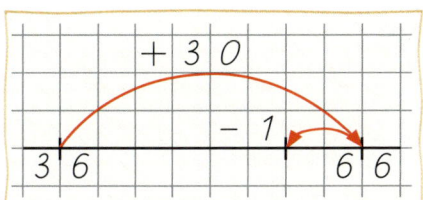

$36 + 29 = \square$

Eulalias Tipp hilft bei Zahlen mit 8 und 9 am Ende. Rechne alle Aufgaben.

a)
45 + 46
39 + 34
48 + 41
69 + 15

73, 84, 89, 91

b)
27 + 19
27 + 26
33 + 49
56 + 38

46, 53, 82, 94

c)
52 + 23
45 + 29
36 + 38
54 + 45

74, 74, 75, 99

d)
46 + 33
54 + 39
28 + 27
59 + 23

55, 79, 82, 93

5 Leichte Aufgaben – schwierige Aufgaben

Beginne in jedem Päckchen mit der Aufgabe, die für dich am leichtesten ist.
Schreibe so:

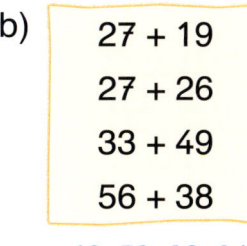

a) 45 + 20
45 + 19
45 + 18

b) 64 + 27
64 + 30
64 + 29

c) 35 + 56
38 + 56
40 + 56

d) 75 + 28
75 + 30
75 + 29

e) 16 + 30
16 + 28
16 + 29

f) 48 + 25
49 + 25
50 + 25

6 Rechne auf deinem Weg.

a)
45 + 46
39 + 44
68 + 31
29 + 45

74, 83, 91, 99

b)
37 + 29
75 + 16
33 + 44
66 + 28

66, 77, 91, 94

c)
32 + 43
55 + 39
46 + 27
64 + 36

73, 75, 94, 100

d)
43 + 38
56 + 37
48 + 27
44 + 47

75, 81, 91, 93

Erkläre einen Rechenweg im .

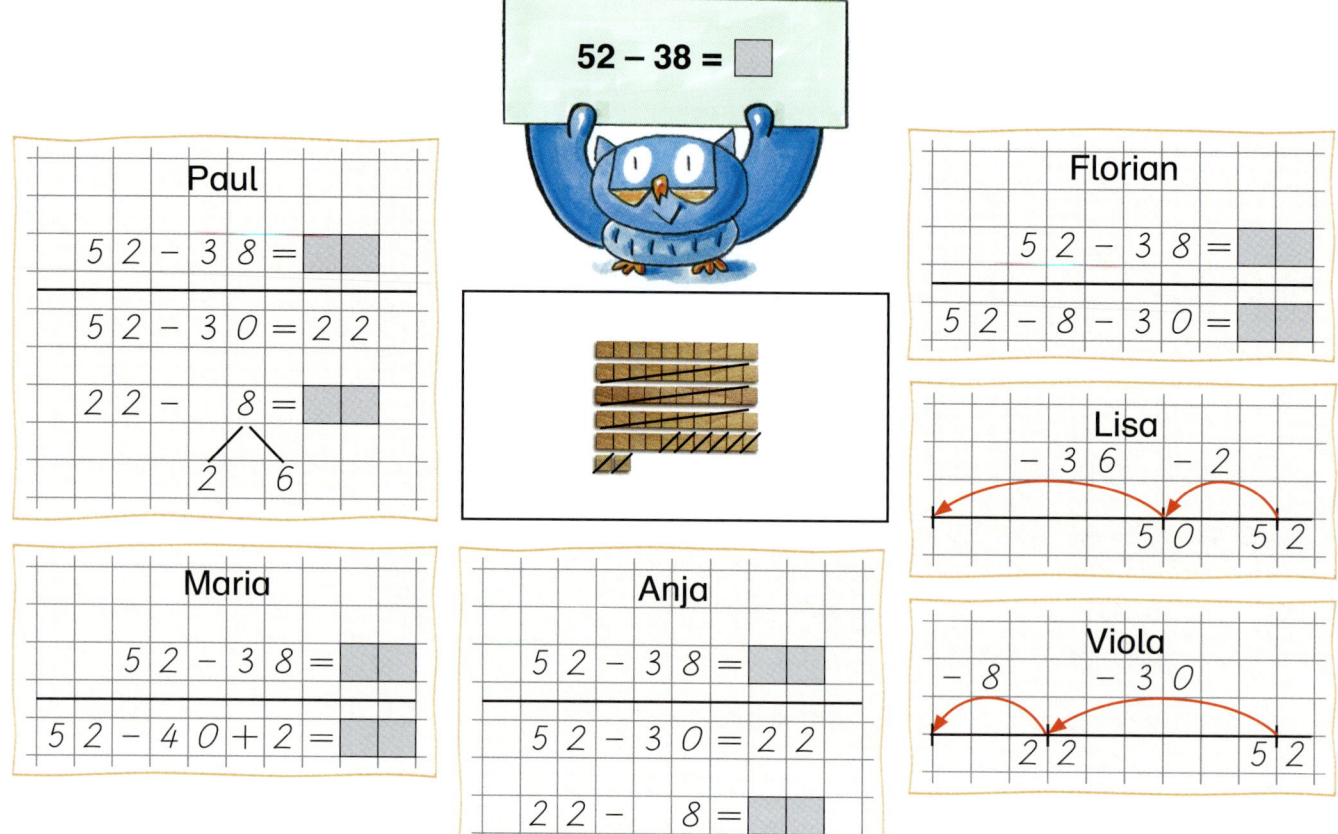

$52 - 38 = \square$

Paul

$5\ 2 - 3\ 8 = \square\ \square$

$5\ 2 - 3\ 0 = 2\ 2$

$2\ 2 - \quad 8 = \square\ \square$
$\qquad\qquad 2\quad 6$

Florian

$5\ 2 - 3\ 8 = \square\ \square$

$5\ 2 - 8 - 3\ 0 = \square\ \square$

Lisa

$-3\ 6 \qquad -2$

$\qquad\qquad 5\ 0 \quad 5\ 2$

Maria

$5\ 2 - 3\ 8 = \square\ \square$

$5\ 2 - 4\ 0 + 2 = \square\ \square$

Anja

$5\ 2 - 3\ 8 = \square\ \square$

$5\ 2 - 3\ 0 = 2\ 2$

$2\ 2 - \quad 8 = \square\ \square$

Viola

$-8 \qquad -3\ 0$

$\qquad 2\ 2 \qquad\qquad 5\ 2$

① Wie rechnest du? Ist dein Weg dabei? Vergleicht eure Rechenwege.

② Beschreibe die Rechenwege der Kinder oben.

③ Welche Erklärung passt zu welchem Rechenweg oben?

a)

Erst die Zehner weg, dann die Einer weg.

b)

Minus nächster Zehner, plus Einer.

c)

Minus Einer, minus Zehner.

d)

Zurück zum vollen Zehner, dann weiter.

④ So hat Emil angefangen.
Nun weiß er nicht mehr weiter.

Erkläre Emils Fehler.

$$52 - 38 = \square$$
$$50 - 30 = 20$$
$$2 - \quad 8 = \square$$

5 Löse auf deinem Weg. Schreibe deinen Rechenweg auf und erkläre ihn.

61 – 33	73 – 36	84 – 57	55 – 38	43 – 25

Ich zeige es mit Stangen und Würfeln.

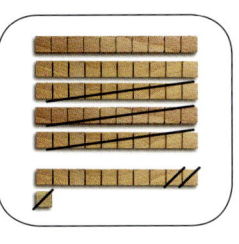

Ich schreibe kürzer.

61 – 33
31, 28

6 Verwandte Aufgaben

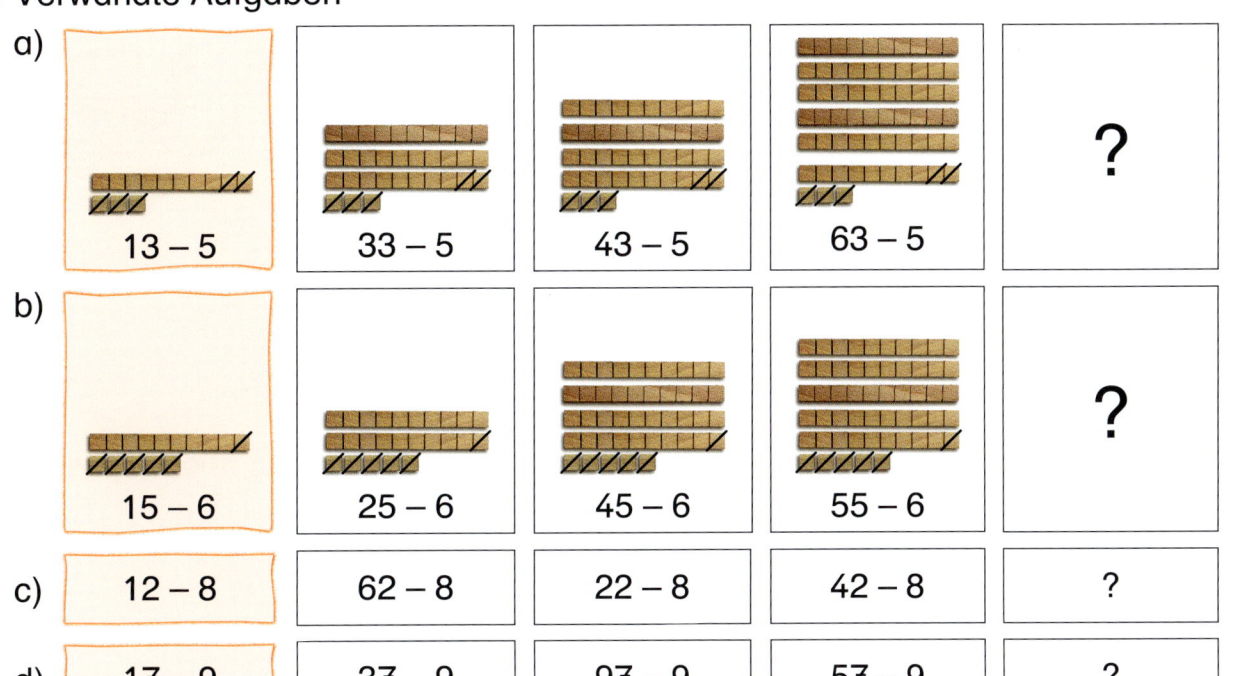

a) 13 – 5   33 – 5   43 – 5   63 – 5   ?

b) 15 – 6   25 – 6   45 – 6   55 – 6   ?

c) 12 – 8   62 – 8   22 – 8   42 – 8   ?

d) 17 – 9   37 – 9   97 – 9   57 – 9   ?

Was haben die Aufgaben jeder Reihe gemeinsam?
Erkläre.

Ich denke mir erst die Zehner weg, dann die Einer.

7 Achte jetzt besonders auf die Zehner. Rechne.

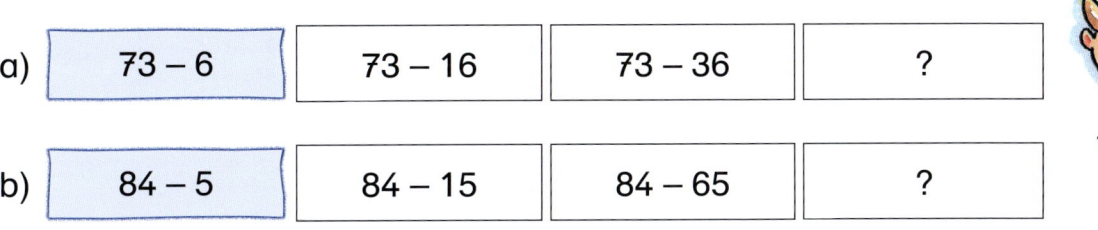

a) 73 – 6   73 – 16   73 – 36   ?

b) 84 – 5   84 – 15   84 – 65   ?

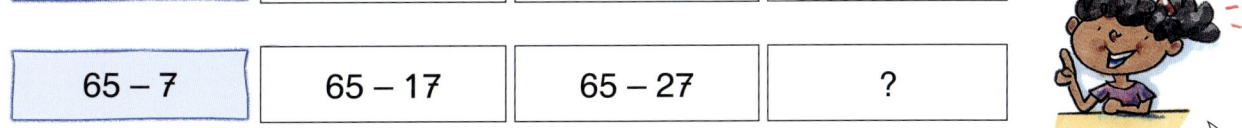

c) 65 – 7   65 – 17   65 – 27   ?

d) Finde selbst solche Aufgabenreihen.

Erst die Einer, dann die Zehner, das geht auch!

41

Minusaufgaben bis 100 üben

Bim ordnet Minusaufgaben.

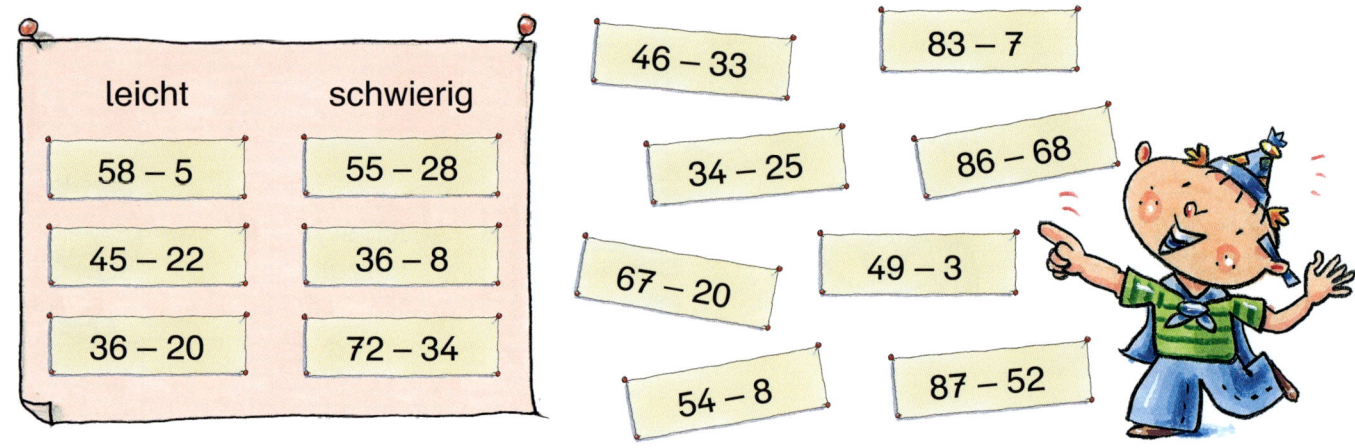

leicht	schwierig
58 – 5	55 – 28
45 – 22	36 – 8
36 – 20	72 – 34

46 – 33   83 – 7

34 – 25   86 – 68

67 – 20   49 – 3

54 – 8   87 – 52

1 a) Wie ordnet Bim?
Welche Aufgaben sind für ihn leicht, welche schwierig?

b) Ordne wie Bim alle Aufgaben. Rechne.

2 Bilde mit diesen Zahlen Minusaufgaben und rechne.
Ordne die Aufgaben. Schreibe in dein .

3   8   5

11   24   96

19   35   37

für mich leicht		für mich schwierig	
2 4 – 3 = 2 1		3 5 – 1 9 = ▮	
8 – 5 = ▮		...	

3 Rechne auf deinem Weg.

a)
64 – 17
83 – 35
68 – 39

b)
75 – 13
86 – 29
80 – 43

c)
78 – 37
82 – 18
66 – 49

d)
56 – 27
45 – 33
94 – 36

29, 37, 47, 48, 57, 62   12, 17, 29, 41, 58, 64

e)
74 – 55
92 – 16
55 – 47

f)
91 – 15
65 – 23
48 – 39

g)
52 – 11
38 – 19
90 – 55

h)
61 – 22
57 – 16
43 – 38

8, 9, 19, 42, 76, 76   5, 19, 35, 39, 41, 41

4 Nahe beim vollen Zehner

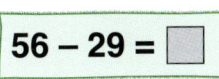

56 – 29 =

56 – 30 + 1 = 27

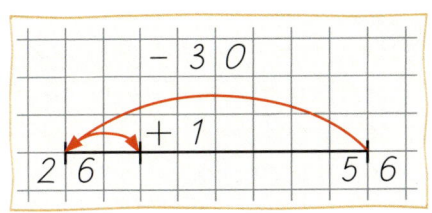

Eulalias Tipp hilft bei Zahlen mit 8 und 9 Einern. Rechne.

a)
45 – 29
96 – 28
65 – 38
91 – 45

16, 27, 46, 68

b)
68 – 24
38 – 29
51 – 25
94 – 48

9, 26, 44, 46

c)
83 – 38
86 – 42
73 – 31
72 – 49

23, 42, 44, 45

d)
84 – 38
58 – 34
76 – 39
32 – 15

17, 24, 37, 46

5 Leichte Aufgaben – schwierige Aufgaben

Beginne in jedem Päckchen mit der Aufgabe, die für dich am leichtesten ist.
Schreibe so:

5	5	–	3	0	=	2	5
5	5	–	2	8	=		
5	5	–	2	9	=		

a) 55 – 30
   55 – 28
   55 – 29

b) 98 – 72
   98 – 70
   98 – 69

c) 56 – 39
   56 – 40
   56 – 42

d) 66 – 27
   67 – 27
   68 – 27

e) 41 – 13
   42 – 13
   43 – 13

f) 76 – 43
   77 – 44
   78 – 45

6 Rechne auf deinem Weg.

a)
55 – 46
74 – 41
61 – 38
45 – 29

9, 16, 23, 33

b)
37 – 29
75 – 16
55 – 44
66 – 28

8, 11, 38, 59

c)
46 – 33
50 – 39
28 – 27
53 – 26

1, 11, 13, 27

d)
73 – 28
56 – 37
46 – 28
47 – 45

2, 18, 19, 45

Erkläre einen Rechenweg im 📖.

① Aus Fehlern kannst du lernen.

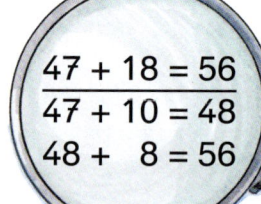

$$26 + 38 = 63$$
$$20 + 30 = 50$$
$$6 + 8 = 13$$

$$47 + 18 = 56$$
$$47 + 10 = 48$$
$$48 + 8 = 56$$

$$34 + 24 = 85$$
$$34 + 20 = 54$$
$$54 + 4 = 85$$

$$55 + 29 = 86$$
$$55 + 30 = 85$$
$$85 - 1 = 86$$

a) Erkläre die Fehler.

b) Rechentipps: Welcher Tipp kann jeweils helfen?

| Plusaufgaben bis 20 üben | auf Zehner und Einer achten | ⊕ und ⊖ nicht verwechseln | an den Rechenstrich denken |

c) Rechne richtig.

 ②

| 34 | 28 | 51 | 48 | 36 | 26 | 23 |

| 47 | 12 | 54 | 42 | 35 | 16 | 17 |

Bilde mit diesen Zahlen …

a) … Plusaufgaben.

b) … Plusaufgaben, bei denen das Ergebnis eine Zehnerzahl ist.

c) … Plusaufgaben, bei denen es keinen Übergang gibt.

d) … Plusaufgaben, die einen Übergang haben.

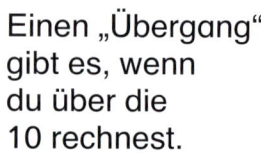

Einen „Übergang" gibt es, wenn du über die 10 rechnest.

③ Schöne Päckchen

Rechne in deinem Heft die einfachste Aufgabe zuerst.
Setze jedes Päckchen um 2 Aufgaben fort.

a) $31 + \square = 50$
$30 + \square = 50$
$29 + \square = 50$
$28 + \square = 50$
…

b) $58 + \square = 100$
$59 + \square = 100$
$60 + \square = 100$
$61 + \square = 100$
…

c) $30 + \square = 40$
$\square + 12 = 40$
$26 + \square = 40$
$\square + 16 = 40$
…

d) $\square + 53 = 80$
$24 + \square = 80$
$\square + 59 = 80$
$18 + \square = 80$
…

 Wie heißt jeweils die 10. Aufgabe?

④ Aus Fehlern kannst du lernen.

$$62 - 35 = 37$$
$$62 - 30 = 32$$
$$32 - 5 = 37$$

$$35 - 29 = 14$$
$$30 - 20 = 10$$
$$5 - 9 = 4$$

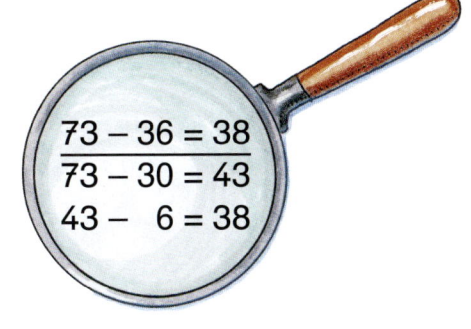

$$73 - 36 = 38$$
$$73 - 30 = 43$$
$$43 - 6 = 38$$

a) Erkläre die Fehler.

b) Rechentipps: Welcher Tipp kann jeweils helfen?

| Minusaufgaben bis 20 üben | bei ⊖ Zahlen nicht vertauschen | ⊕ und ⊖ nicht verwechseln | Dein Tipp? |

c) Rechne richtig.

  **⑤**

| 64 | 78 | 46 | 38 | 66 | 96 | 23 |

| 57 | 92 | 24 | 52 | 75 | 16 | 17 |

Bilde mit diesen Zahlen …

a) … Minusaufgaben.

b) … Minusaufgaben, bei denen das Ergebnis eine Zehnerzahl ist.

c) … Minusaufgaben, bei denen es keinen Übergang gibt.

d) … Minusaufgaben, die einen Übergang haben.

⑥ Schöne Päckchen

Rechne in deinem Heft die einfachste Aufgabe zuerst.
Setze jedes Päckchen um 2 Aufgaben fort.

a) $64 - \boxed{} = 35$
$65 - \boxed{} = 35$
$66 - \boxed{} = 35$
$67 - \boxed{} = 35$
…

b) $72 - \boxed{} = 26$
$74 - \boxed{} = 26$
$76 - \boxed{} = 26$
$78 - \boxed{} = 26$
…

c) $80 - \boxed{} = 47$
$\boxed{} - 32 = 47$
$78 - \boxed{} = 47$
$\boxed{} - 30 = 47$
…

d) $\boxed{} - 18 = 57$
$76 - \boxed{} = 57$
$\boxed{} - 20 = 57$
$78 - \boxed{} = 57$
…

 Wie heißt jeweils die 10. Aufgabe?

`0` `1` `2` `3` `4` `5` `6` `7` `8` `9`

Verwende jede Ziffernkarte pro Aufgabe nur einmal!

① Bilde aus den Ziffernkarten 2 zweistellige Zahlen.
Zähle sie zusammen.

`1` `3` + `5` `2`

`2` `0` + `1` `8`

Wie erhältst du das kleinste, wie das größte Ergebnis?
Erkläre.

② Bilde aus den Ziffernkarten 2 zweistellige Zahlen.
Ziehe sie voneinander ab.

`4` `6` – `3` `1`

`8` `6` – `1` `5`

Wie erhältst du das kleinste, wie das größte Ergebnis?
Erkläre.

③ Zielzahl 100

Wähle die Ziffernkarten so, dass das Ergebnis 100 ist.

z. B. `2` `4` + `7` `6` = 100

Wie musst du die Einer und Zehner wählen?

 Wie viele verschiedene Rechnungen findet ihr?
Vergleicht.

④ Zielzahl 50

Wähle die Ziffernkarten so, dass das Ergebnis 50 ist.

z. B. `1` `6` + `3` `4` = 50

Wie musst du die Einer und Zehner wählen?

 Wie viele verschiedene Rechnungen findet ihr?
Vergleicht.

5 Zielzahl 50

Bilde jetzt eine Minusrechnung mit dem Ergebnis 50
aus 2 zweistelligen Zahlen.

Erkläre.

6 a) Einer tauschen

Lege 2 zweistellige Zahlen. Zähle zusammen.

2 4 + 3 7 = 61

Vertausche jetzt die Einer. Zähle zusammen.

2 7 + 3 4 = ?

Was stellst du fest? Ist das bei jeder Rechnung so?
Erkläre.

b) Zehner tauschen

Tausche jetzt die Zehner.
Was stellst du fest? Ist das bei jeder Rechnung so?
Erkläre.

7 Spiegelzahlen

Wähle 2 Ziffernkarten. Bilde daraus 2 zweistellige Zahlen.
Ziehe die kleinere von der größeren ab.

z. B. 4 3 | 4 3 – 3 4 = 9 |

Bilde viele solche Rechnungen aus jeweils 2 Ziffernkarten.
Ordne alle Rechnungen mit gleichem Ergebnis.

8 Wie viele verschiedene Ergebnisse findet ihr bei Aufgabe **7** in der Klasse?
Seid ihr sicher, dass ihr alle gefunden habt?

Zu welchem Ergebnis gibt es die meisten Rechnungen?
Zu welchem Ergebnis die wenigsten?

Aus 3 wird 15,
aus 24 wird 36,
aus 61 wird …

1 Wie heißt die Zauberregel? Finde weitere Zahlenpaare.
Simsala legt die Kartenpaare untereinander.

Schreibe so:

2 Wie wird hier gezaubert? Schreibe auf. Finde weitere Zahlenpaare.

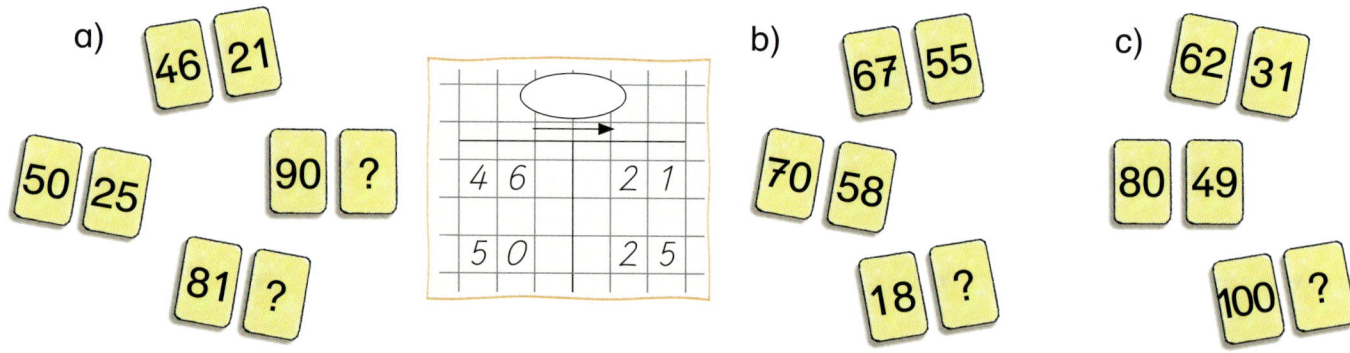

a)

b)

c)

3 Finde viele Paare zu diesen Zauberregeln.

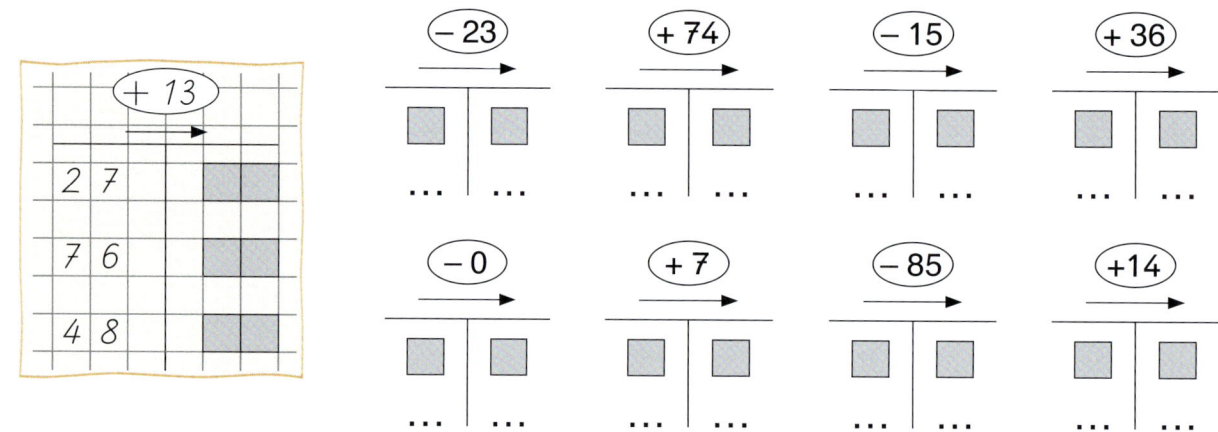

 4 Finde selbst Zahlenpaare. Dein Partner nennt die Regel.

⑤ Erste oder zweite Zahl gesucht.

a) Zauberregel (+ 15)

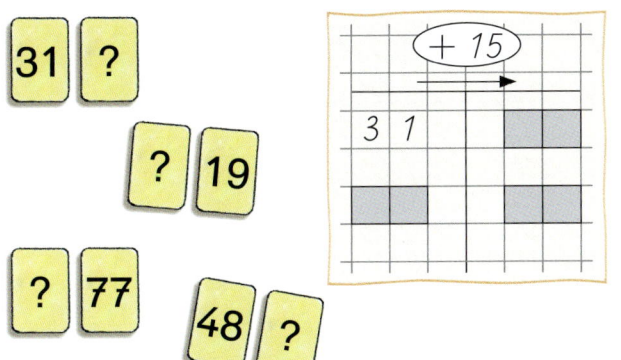

b) Zauberregel (− 34)

⑥

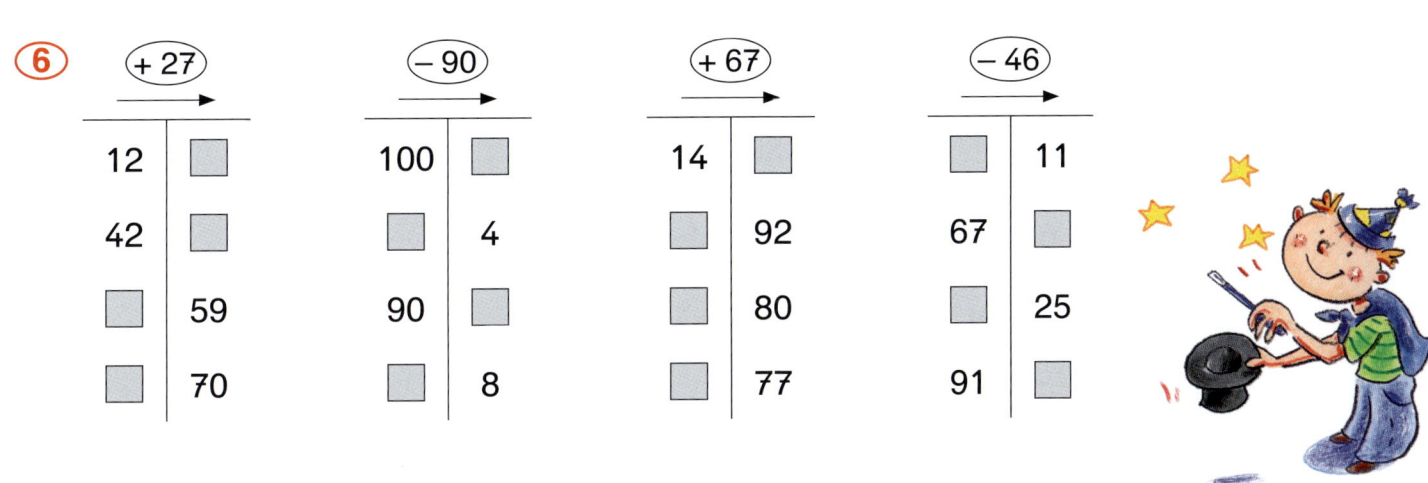

⑦ Besondere Zauberregeln: Erkläre.
Finde zu jeder Regel weitere Zahlenpaare.

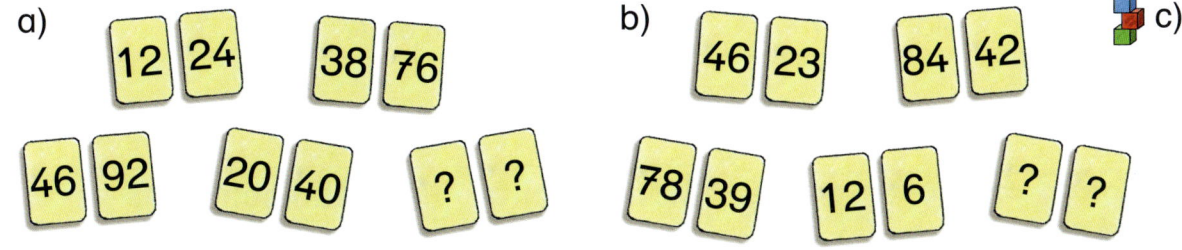

⑧ Finde die Regel. Immer ein Kartenpaar ist falsch. Berichtige.

c) Denkt euch selbst Zauberregeln aus. Sucht Paare.
Baut einen Fehler für euren Partner ein.

49

Januar

Mo		6	13	20	27
Di		7	14	21	28
Mi	1	8	15	22	29
Do	2	9	16	23	30
Fr	3	10	17	24	31
Sa	4	11	18	25	
So	5	12	19	26	

Februar

Mo		3	10	17	24
Di		4	11	18	25
Mi		5	12	19	26
Do		6	13	20	27
Fr		7	14	21	28
Sa	1	8	15	22	
So	2	9	16	23	

März

Mo		3	10	17	24	31
Di		4	11	18	25	
Mi		5	12	19	26	
Do		6	13	20	27	
Fr		7	14	21	28	
Sa	1	8	15	22	29	
So	2	9	16	23	30	

April

Mo		7	14	21	28
Di	1	8	15	22	29
Mi	2	9	16	23	30
Do	3	10	17	24	
Fr	4	11	18	25	
Sa	5	12	19	26	
So	6	13	20	27	

Mai

Mo		5	12	19	26
Di		6	13	20	27
Mi		7	14	21	28
Do	1	8	15	22	29
Fr	2	9	16	23	30
Sa	3	10	17	24	31
So	4	11	18	25	

Juni

Mo		2	9	16	23	30
Di		3	10	17	24	
Mi		4	11	18	25	
Do		5	12	19	26	
Fr		6	13	20	27	
Sa		7	14	21	28	
So	1	8	15	22	29	

Juli

Mo		7	14	21	28
Di	1	8	15	22	29
Mi	2	9	16	23	30
Do	3	10	17	24	31
Fr	4	11	18	25	
Sa	5	12	19	26	
So	6	13	20	27	

August

Mo		4	11	18	25
Di		5	12	19	26
Mi		6	13	20	27
Do		7	14	21	28
Fr	1	8	15	22	29
Sa	2	9	16	23	30
So	3	10	17	24	31

September

Mo	1	8	15	22	29
Di	2	9	16	23	30
Mi	3	10	17	24	
Do	4	11	18	25	
Fr	5	12	19	26	
Sa	6	13	20	27	
So	7	14	21	28	

Oktober

Mo		6	13	20	27
Di		7	14	21	28
Mi	1	8	15	22	29
Do	2	9	16	23	30
Fr	3	10	17	24	31
Sa	4	11	18	25	
So	5	12	19	26	

November

Mo		3	10	17	24
Di		4	11	18	25
Mi		5	12	19	26
Do		6	13	20	27
Fr		7	14	21	28
Sa	1	8	15	22	29
So	2	9	16	23	30

Dezember

Mo	1	8	15	22	29
Di	2	9	16	23	30
Mi	3	10	17	24	31
Do	4	11	18	25	
Fr	5	12	19	26	
Sa	6	13	20	27	
So	7	14	21	28	

Feiertage: Neujahr 1. Januar, Heilige Drei Könige 6. Januar, Karfreitag 18. April, Ostern 20. und 21. April, Tag der Arbeit 1. Mai, Christi Himmelfahrt 29. Mai, Pfingsten 8. und 9. Juni, Fronleichnam 19. Juni, Tag der Deutschen Einheit 3. Oktober, Reformationstag 31. Oktober, Allerheiligen 1. November, Buß- und Bettag 19. November, Weihnachten 25. und 26. Dezember

① Was kannst du aus diesem Kalender ablesen?

② Vergleicht diesen Kalender mit einem Kalender aus diesem Jahr.

③ a) Welche Wochentage sind der …

| … 20. Januar? | … 31. Januar? | … 14. Februar? | … 6. Mai? | ? |

b) Welches Datum haben …

| … die nächsten 4 Montage? | … die Samstage im Juli? | ? |

④ Felix' Termine

Man spricht:	Man schreibt:
achter Januar	8.1. oder 8. Januar
dreizehnter Januar	13.1. oder 13. Januar

a) Welche Termine hat Felix im Januar?
Welche Wochentage sind das?

b) Felix hat immer dienstags Chor. Welches Datum ist das jeweils?

⑤ Das musst du wissen. Schreibe in dein ▯.

| 1 Jahr hat ▯ Tage. | 1 Jahr hat ▯ Wochen. |

| 1 Jahr hat ▯ Monate. | Mein Geburtstag ist am ▯ | ? |

⑥ a) Suche im Kalender von diesem Jahr …

… den Beginn der Sommerferien.

… deinen Geburtstag. … den heutigen Tag. ?

b) Wie viele Monate und Tage sind es …

… bis Ostern? … bis zu deinem Geburtstag? … bis …?

Welches Fest gibt es in deiner Heimat?
Wie viele Monate und Tage sind es bis dahin?

c) Wie lange dauern …

… die Pfingstferien? … die Sommerferien? … die …?

⑦ Kennst du schon die Faustregel?

Mit der Faustregel kannst
du feststellen, wie viele
Tage ein Monat hat.

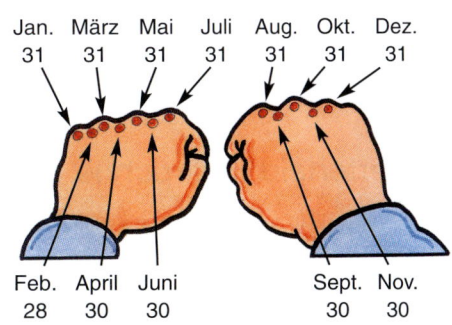

⑧ Gestalte selbst einen Kalender und trage deine Termine ein.

 ⑨ Erstellt einen Geburtstagskalender für eure Klasse.

1 Male und schreibe die Rechnung auf.

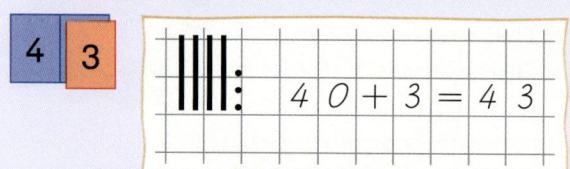

a)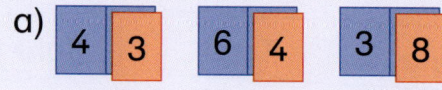

b)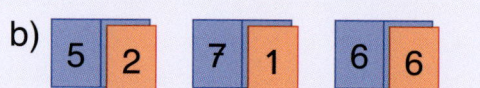

c)

2 Wie heißen die Zahlen? Schreibe auf.

a)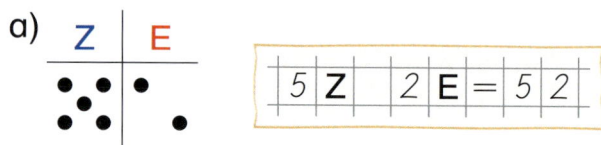

$5 Z \quad 2 E = 5 2$

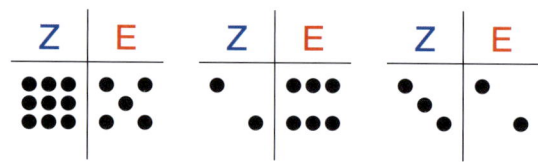

b)

c)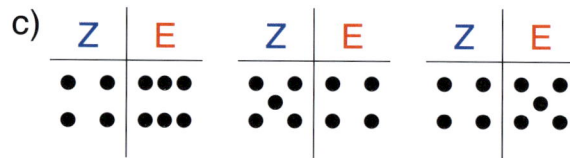

3 Bilde mit den Ziffernkarten zweistellige Zahlen.
Ordne sie der Größe nach und schreibe sie in dein 📖.

| 0 | 2 | 3 | 6 | 9 | 8 | 5 |

4 Zeige am Hunderterfeld und rechne in deinem Heft.

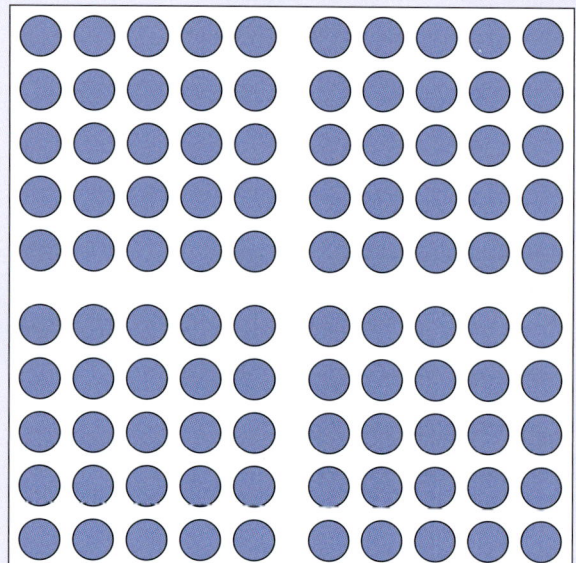

a) 30 + 20
40 + 30
50 + 40

b) 60 + ☐ = 100
10 + ☐ = 100
70 + ☐ = 100

c) 100 − 40
100 − 60
100 − 90

d) 100 − ☐ = 80
100 − ☐ = 20
100 − ☐ = 50

5 Zwischen welchen Zehnern liegen diese Zahlen?

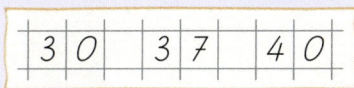

a) 37, 81, 36   c) 53, 67, 34

b) 45, 19, 92   d) 89, 70, 61

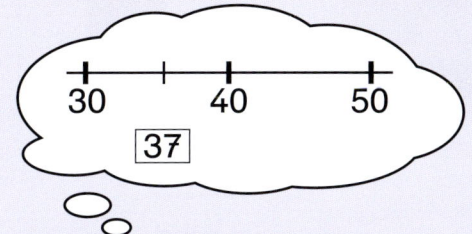

6 Denke an die verwandte Aufgabe. Rechne.

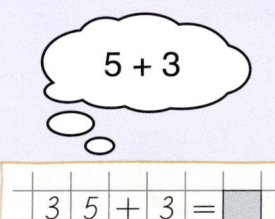

a) 35 + 3
28 − 3
46 + 3
59 − 5

b) 38 − 2
75 + 4
94 + 3
86 − 5

c) 37 + 2
46 − 5
79 − 6
94 + 5

7 Zwischenstopp beim Zehner: Rechne.

a) 28 + 5
47 + 6
87 + 4
65 + 7
78 + 7

b) 34 − 7
36 − 7
82 − 6
54 − 9
43 − 5

8 Rechne.

a) 48 + 6
57 + 4
39 + 5
78 + 8
66 + 6

b) 82 − 4
73 − 6
24 − 8
56 − 8
91 − 5

c) 81 − 5
67 + 6
93 − 8
54 + 9
45 − 9

d) 36 + 8
53 − 7
87 + 8
35 − 6
27 + 7

53

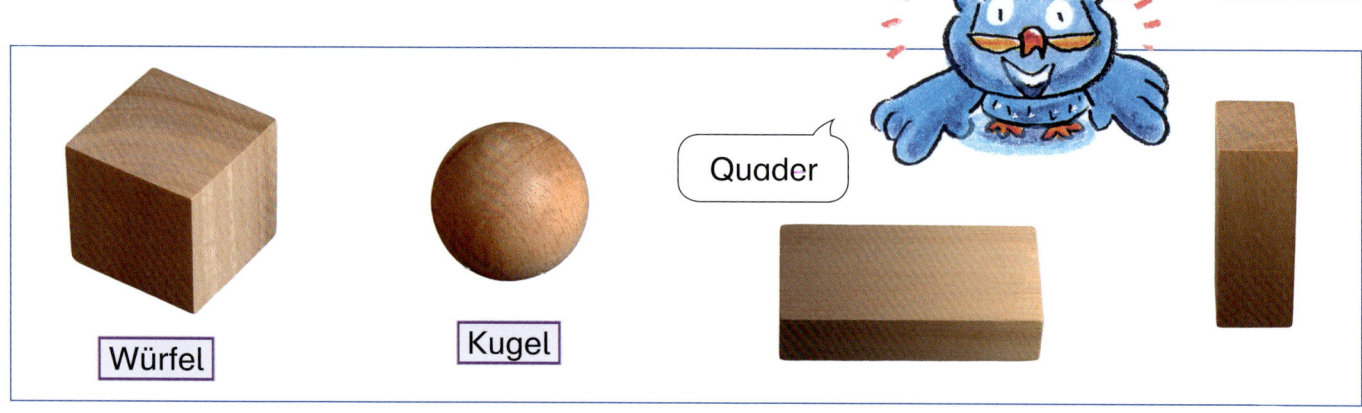

Würfel   Kugel   Quader

① Beschreibe die Körperformen.

… kann rollen.   … ist eckig.   … kann kippen.   … ist rund.   ?

② Welche Körperformen entdeckst du? Beschreibe.

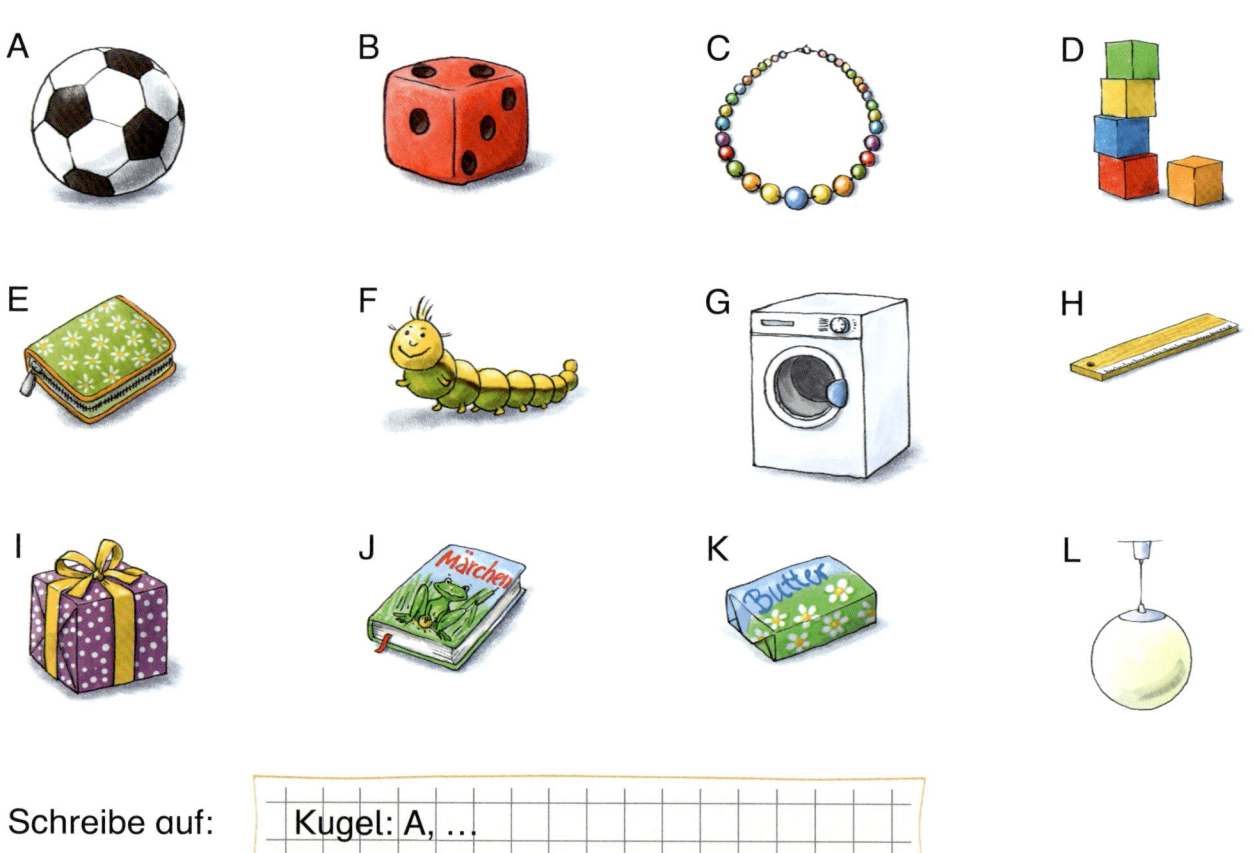

A   B   C   D

E   F   G   H

I   J   K   L

Schreibe auf:

Kugel: A, …

Würfel: …

Quader: …

 ③ Bringt Dinge mit, die aussehen wie ein Würfel, eine Kugel oder ein Quader. Beschreibt und ordnet sie.

Wie unterscheiden sich Würfel und Quader?

(4) Forme und baue verschiedene Körper wie oben.

(5) Welche Körperformen findest du oft im Alltag?
Warum ist das so?

(6) Was wäre wenn …?

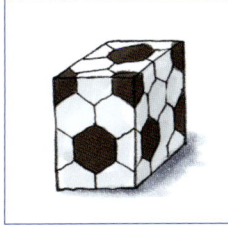

Male „Was-wäre-wenn-Dinge". Klebe sie in dein .

(7) Roboter aus Verpackungen und Pappe

A

B

C

a) Welche Körperformen entdeckst du? Erzähle.

b) Jedes Rätsel passt zu einem Roboter. Ordne zu.

Ich habe einen würfelförmigen Kopf mit Kugelohren. Mein Bauch ist eine Kugel.	Mein Kopf hat eine Würfelnase. Mein Körper ist auch ein Würfel.	Ich habe einen Quaderkopf mit Spiralantennen. Mein Körper ist ein Quader mit vielen Knöpfen.

(8) Baue selbst einen Roboter.
Fotografiere oder zeichne ihn und schreibe ein Rätsel dazu in dein .

Simsala zaubert
65 weiße Mäuse.

2 Mäuse laufen weg.

15 Mäuse schenkt sie
Bim zum Geburtstag.

Die restlichen Mäuse
behält sie zum Spielen.

① a) Sucht Fragen zur Geschichte.

b) Bei welchen Fragen müsst ihr rechnen?
Rechnet und antwortet. $\boxed{1 + 1}$

②

Bim sammelt Zauberpflanzen im Wald.

Weil er durstig ist, zaubert er sich
aus 2 Pflanzen ein kühles Getränk.

20 Pflanzen versteckt er für Simsala
in einem hohlen Baum.

Als Bim sich ausruht, stiehlt ihm
die Hexe Ranunkel 21 Pflanzen und
die Hexe Mira 24 Pflanzen.

Nun ist sein Rucksack leer.

Bei welchen Fragen musst du rechnen? $\boxed{1 + 1}$
Rechne und antworte.

a) Wie viele Pflanzen hat Bim insgesamt gesammelt?

d) Wie viele Pflanzen braucht Bim für das Getränk?

b) Wie heißen die Hexen?

e) Wie viele Pflanzen versteckt Bim im hohlen Baum?

c) Wie viele Pflanzen werden Bim gestohlen?

f) Wie viele Pflanzen hat Bim am Ende der Geschichte?

3

Bim liest eine Woche
im großen Zauberbuch.

Am Montag, am Dienstag und auch am
Mittwoch schafft er jeweils 15 Seiten.

Am Donnerstag liest er 20 Seiten.

Am Freitag und auch am Samstag
schafft er jeweils nur 9 Seiten.

Das Zauberbuch hat 100 Seiten.

Mo	Di	Mi	Do	Fr	Sa	So
1 5						

Bei welchen Fragen musst du rechnen? | 1 + 1 | Eine Tabelle wie oben hilft dir.

a) Wie viele Seiten liest Bim am
Freitag und Samstag insgesamt?

d) Wie viele Seiten liest er
am Montag, Dienstag und
Mittwoch zusammen?

b) Wie viele Seiten liest er
am Donnerstag?

c) Wie viele Seiten liest er von
Montag bis Samstag?

e) Wie viele Seiten muss er am Sonntag
lesen, damit er das Zauberbuch in einer
Woche schafft?

4

Simsala wandert drei Tage durch den
Zauberwald. Sie will zum Riesengebirge.

Um den Weg zu markieren,
hat sie 40 kleine Steine mitgenommen.

Am 1. Tag verbraucht sie 12 Steine.

In der Nacht schläft sie auf
einem weichen Lager aus Moos.

Am 2. Tag wirft sie insgesamt 25 Steine
auf den Weg.

Am 3. Tag trifft sie Eulalia.
Sie begleitet Simsala bis zum Gebirge
am Ende des Waldes.

1. Tag	2. Tag	3. Tag

a) Welche Wörter und Sätze sind | 1 + 1 |
zum Rechnen wichtig?
Welche kann man weglassen?
Schreibe die Geschichte
kürzer auf.

Simsala wandert 3 Tage durch den Wald.

Sie hat …

b) Stellt Rechenfragen, rechnet und antwortet.

Zahlenmauern

1 Erkläre, wie die Kinder rechnen.

Ich rechne
70 − 55 = ▢.

Ich ergänze lieber:
55 + ▢ = 70.

Wie rechnest du? Vergleiche mit deinem Partner.

2 Rechne in deinem Heft.

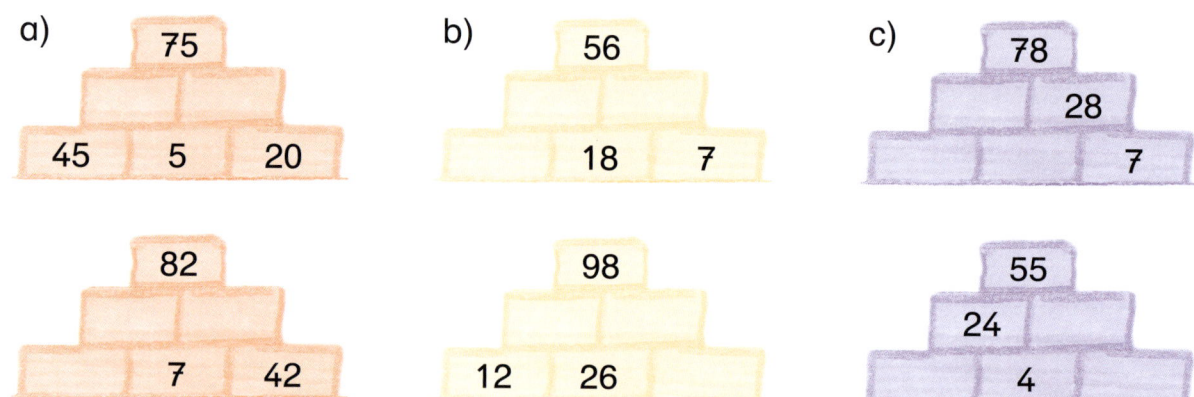

a)
75
45 | 5 | 20

82
7 | 42

b)
56
18 | 7

98
12 | 26

c)
78
28
7

55
24
4

3 Wie verändert sich der Zielstein? Übertrage in dein Heft.

Der oberste Stein heißt Zielstein.

a) Verändere den weißen Eckstein immer um 1.

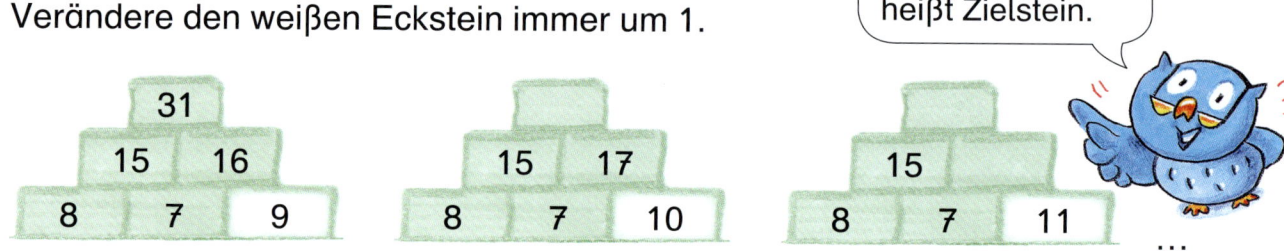

31
15 | 16
8 | 7 | 9

15 | 17
8 | 7 | 10

15
8 | 7 | 11

...

Schreibe auf, was mit dem Zielstein passiert.

b) Verändere den weißen Grundstein immer um 1.

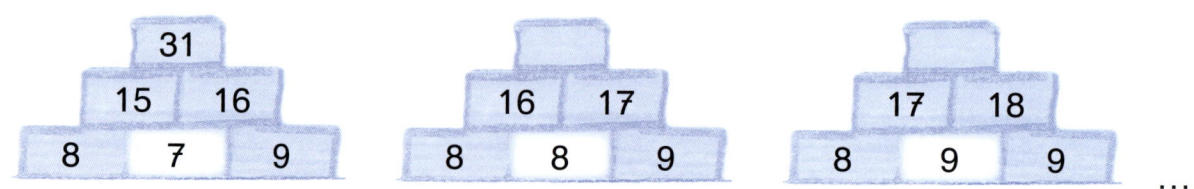

31
15 | 16
8 | 7 | 9

16 | 17
8 | 8 | 9

17 | 18
8 | 9 | 9

...

Schreibe auf, was mit dem Zielstein passiert.

4 Knobelmauer: Löse durch Probieren.

Gibt es nur eine Lösung oder gibt es mehrere Möglichkeiten?

5 Ecksteine und Zielstein

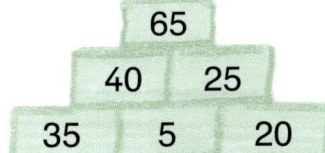

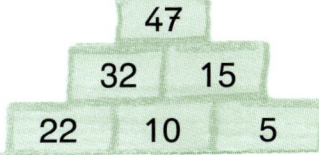

a) Ziehe vom Zielstein die beiden unteren Ecksteine ab.
Vergleiche das Ergebnis mit dem mittleren Grundstein.
Hast du eine Vermutung?

b) Überprüfe deine Vermutung an den Mauern aus Aufgabe **2**.
Erkläre deine Entdeckung in deinem 📖.

6 Knobelmauern: Kannst du sie jetzt durch Rechnen lösen? Rechne im Heft.

Denke an Aufgabe **5**.

7 Für Profis! Übertrage in dein Heft.

Löse erst die weißen Steine.

59

Links und rechts – immer gleich viel

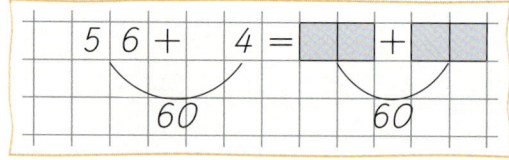

Ich habe kein Paar. Ich ziehe bei dir.

8 + 8   12 + 4
10 + 2   6 + 6

6 + 10   9 + 7
9 + 10   13 + 6
20 + 5   10 + 15

20 + 10   15 + 15

Ich habe gleich gewonnen.

① Spielt „Gleich viel".

② Eine linke und eine rechte Rechnung gehören zusammen.

Schreibe so auf:

```
5 6 +   4 = ☐ ☐ + ☐
        60        60
```

56 + 4	72 + 18
45 + 45	32 + 38
17 + 83	66 + 34
29 + 41	31 + 29
☐ + ☐	☐ + ☐

③ Spielt „Gleich viel" auch mit Minusaufgaben zu diesen Ergebnissen: 5, 10, 20, 30, 40, 50, 60, 70.

④ Eine linke und eine rechte Rechnung gehören zusammen.

Schreibe so auf:

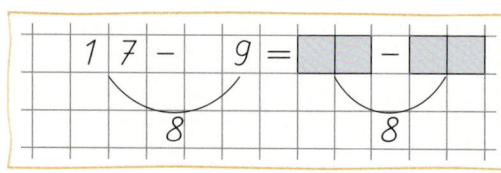

```
1 7 -   9 = ☐ ☐ - ☐ ☐
        8         8
```

17 − 9	40 − 28
24 − 12	100 − 75
100 − 49	38 − 30
50 − 25	60 − 9

 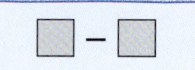 ☐ − ☐   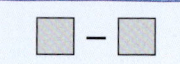 ☐ − ☐

5 Rechne in deinem Heft. Was fällt dir auf?

a)
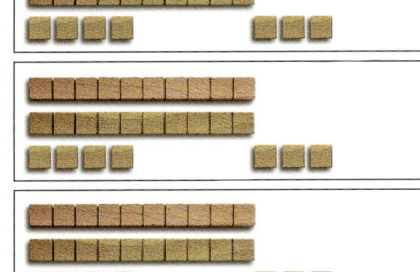

24 + 3 = 23 + ▢

24 + 3 = 22 + ▢

24 + 3 = 21 + ▢

b)
64 + 7 = 63 + ▢
64 + 7 = 62 + ▢
64 + 7 = 61 + ▢

c)
33 + 27 = 32 + ▢
33 + 27 = 31 + ▢
33 + 27 = 30 + ▢

6 Rechne in deinem Heft. Was fällt dir hier auf?

Wenn die erste Zahl …, dann … die zweite Zahl …

a)
27 + 5 = 28 + ▢
27 + 5 = 29 + ▢
27 + 5 = 30 + ▢
27 + 5 = 31 + ▢

b)
46 + 34 = 47 + ▢
46 + 34 = 48 + ▢
46 + 34 = 49 + ▢
46 + 34 = 50 + ▢

7 Plusaufgaben verändern

Ich mach's mir leicht. Ich rechne 40 + 15.

38 + 17

… oder 35 + 20. Geht das auch?

Rechne wie Anna:

3 8 + 1 7 = 4 0 + 1 5 = 5 5

Oder wie Luis:

3 8 + 1 7 = 3 5 + 2 0 = 5 5

a)
69 + 24
49 + 35
29 + 65

b)
77 + 18
28 + 25
48 + 37

c)
32 + 49
83 + 18
52 + 39

Mit Körpermaßen messen

Früher benutzten die Menschen Arme und Beine, um zu messen.

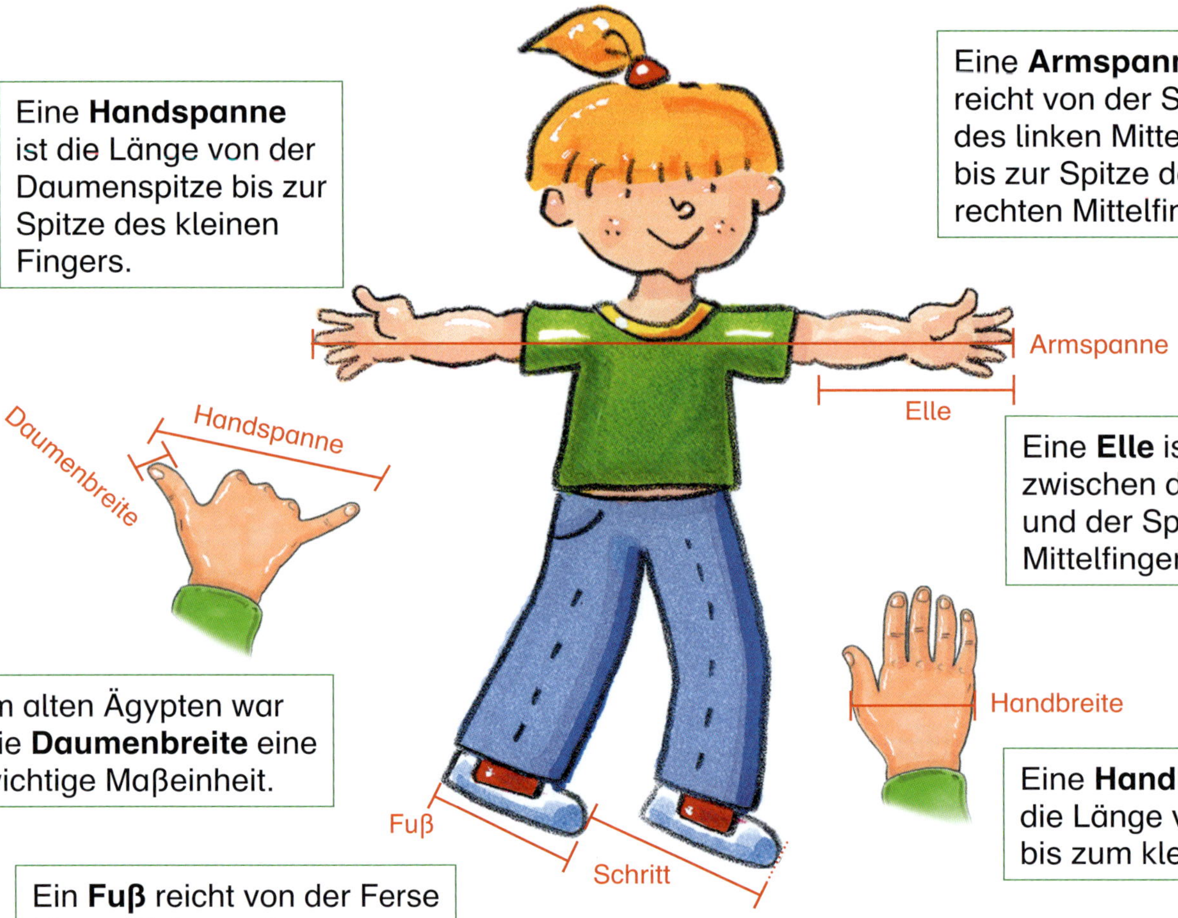

Eine **Handspanne** ist die Länge von der Daumenspitze bis zur Spitze des kleinen Fingers.

Eine **Armspanne** reicht von der Spitze des linken Mittelfingers bis zur Spitze des rechten Mittelfingers.

Armspanne

Elle

Daumenbreite

Handspanne

Eine **Elle** ist der Abstand zwischen dem Ellbogen und der Spitze des Mittelfingers.

Im alten Ägypten war die **Daumenbreite** eine wichtige Maßeinheit.

Handbreite

Eine **Handbreite** ist die Länge vom Daumen bis zum kleinen Finger.

Fuß

Schritt

Ein **Fuß** reicht von der Ferse bis zur Zehenspitze.

Ein **Schritt** reicht von der Zehenspitze des einen Fußes bis zur Zehenspitze des anderen Fußes.

① Vergleicht in der Klasse: Wer hat die längste Armspanne, wer den kürzesten Fuß, …?

② Miss einige der Gegenstände unten mit geeigneten Körpermaßen. Schreibe auf.
Vergleicht eure Messergebnisse. Was fällt euch auf?

1 Handspanne, 15 Daumenbreiten, …

1 Armspanne, … Handbreiten, …

…

Worauf musst du beim Messen achten?

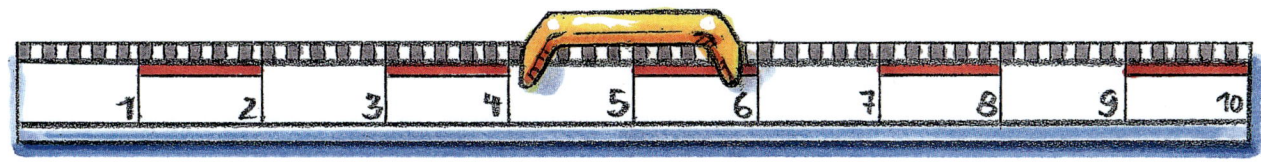

③ Wie heißen diese Messgeräte?
Was haben sie gemeinsam?
Warum gibt es unterschiedliche Messgeräte?

④

Der Nullpunkt ist der Anlegepunkt!

> **1 Meter = 100 Zentimeter**
> **1 m = 100 cm**
>
> „Zenti-" kommt von „centum"!
> Das ist lateinisch und heißt hundert.

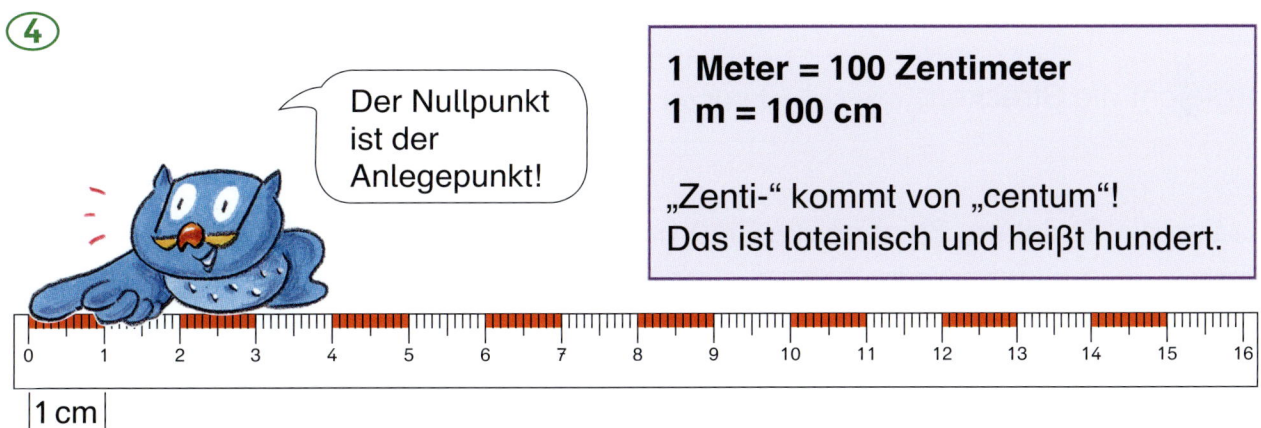

|1 cm|

Erkläre: Wie misst du mit deinen Körpermaßen, wie mit dem Lineal?

⑤ Wie lang ist … • … dein großes Lineal?
• … dein Lineal im Federmäppchen?
• … das Lineal für die Tafel?

Schätze zuerst. Miss nach.

⑥ Gegenstände in deiner Umwelt: Miss und schreibe auf.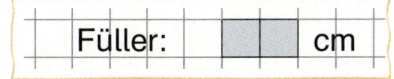

⑦ a) Suche Gegenstände in deiner Umwelt,
von denen du denkst, dass sie 1 cm, 10 cm, 1 m, … lang oder hoch sind.
Schätze mit deinen Körpermaßen und miss nach.

b) Gib deine Körpermaße in cm an.
Wo findest du an deinem Körper ungefähr 1 cm,
10 cm, 30 cm, …?
Gestalte Seiten in deinem 📖.

Wir messen und rechnen

① Welcher Weg ist der längste, welcher der kürzeste?
Miss die Strecken mit dem Lineal.

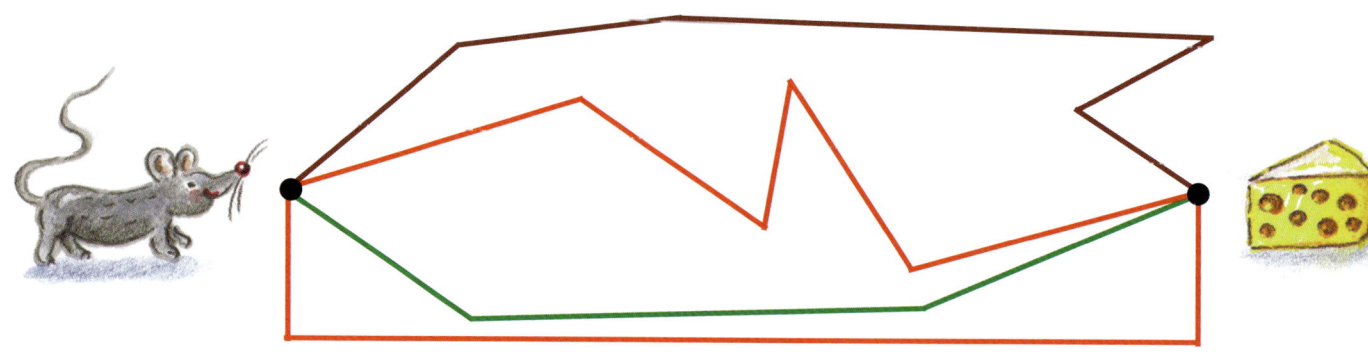

② Miss die Strecken und zeichne sie ins Heft.

a) ⊢————————————————⊣

b) ⊢————————————————————⊣

c) ⊢————⊣

⭐ d) ⊢————————⊣

Vergleicht die Strecken: … ist kürzer als …   … ist länger als …

③ a) Miss die Strecken. Zeichne die Figuren ins Heft.

b) Zeichne selbst Figuren in dein . Miss die Strecken.

④ Ordne nach der Länge.

a) 5 m, 15 cm, 10 cm, 50 cm

b) 10 cm, 1 cm, 10 m, 100 cm

c) 3 m, 30 m, 3 cm, 30 cm

d) 1 m 35 cm, 1 m 75 cm, 2 m 15 cm

⑤ Entfernungen schätzen

Wählt einen Standort im Schulhof.
Wie weit sind zum Beispiel der Papierkorb,
die Schultüre oder ein Baum davon entfernt?
Schätzt zunächst und messt dann genau nach.
Vergleicht in der Klasse.

6 Rekorde rund um den Körper!
Vergleicht sie mit Messergebnissen am eigenen Körper.

Der größte lebende Mensch ist 2 m 51 cm groß.

Die längste Hand war 32 cm lang.

Der längste Fingernagel eines Daumens ist 1 m 35 cm lang.

Die längsten Haare sind mehr als 5 m lang.

Das ist aber unpraktisch!

7 Wie groß sind die Kinder?
Eine Zeichnung kann dir bei der Lösung helfen.

a) Marek ist 1 m 25 cm groß. Ayse ist 15 cm größer.

b) Anna ist 1 m 35 cm groß. Jule ist 7 cm kleiner.

c) Ich bin … groß. Mein Freund ist …

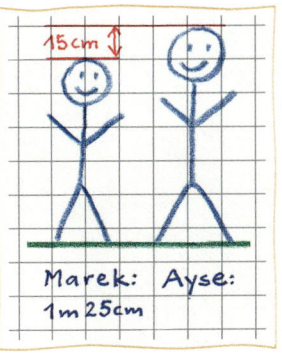

8 Lena ist 1 m 29 cm groß.
Michael ist 5 cm größer als Lena.
Annika ist 4 cm kleiner als Lena.

a) Wie groß ist jedes Kind?
Zeichne und rechne.

b) Wie viele cm ist Michael größer als Annika?

9 Ergänze auf 1 m.

100 cm = 1 m

a) 25 cm + ☐ cm = 100 cm
50 cm + ☐ cm = 100 cm
75 cm + ☐ cm = 100 cm
…

b) 99 cm
88 cm
77 cm
…

c) 10 cm
20 cm
30 cm
…

d) 1 cm
11 cm
21 cm
…

10 Streckenkönig – ein Spiel mit

Spielverlauf:
* Startpunkt einzeichnen
* Würfeln ⚁ → 3 cm
* Strecke einzeichnen

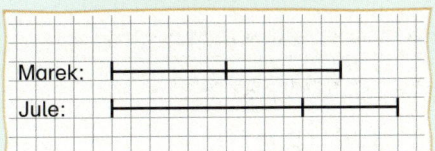

Sieger:
* Wer kommt zuerst am anderen Blattrand an?

Malnehmen

1 Erzählt zu den Bildern. Was passiert?

A

Immer 2 Flaschen

1-mal  2-mal  3-mal  4-mal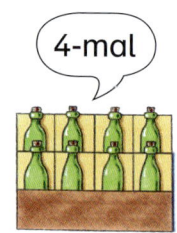

B

Immer 3 Äpfel

1-mal  2-mal  3-mal

2 a) Schreibt Rechnungen zu den Geschichten von Aufgabe **1**. Vergleicht.

b) Welches Punktebild und welche Rechnungen passen zu den Geschichten von Aufgabe **1**?

 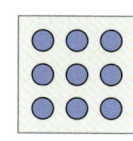

| 4 · 2 |
| 2 + 2 + 2 + 2 |

| 3 · 3 |
| 3 + 3 + 3 |

4 · 2 heißt vier mal zwei.

3 Malgeschichten: Male und schreibe Plus- und Malaufgabe.

a) Bim geht 3-mal zum Apfelbaum. Er holt sich jedes Mal 4 Äpfel. Wie viele Äpfel sind das insgesamt?

b) Eulalia fliegt 2-mal in den Wald und findet jedes Mal 0 Pilze für den Zaubertrank. Wie viele sind es insgesamt?

c) Simsala füllt 2 Vasen mit Blumen. In jede Vase steckt sie 8 Blumen. Wie viele Blumen sind es insgesamt?

d) Erfinde selbst Malgeschichten. Schreibe sie in dein 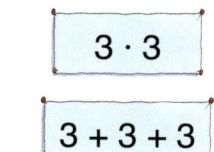.

4 Schreibe Plus- und Malaufgabe auf.
Rechne.

a)
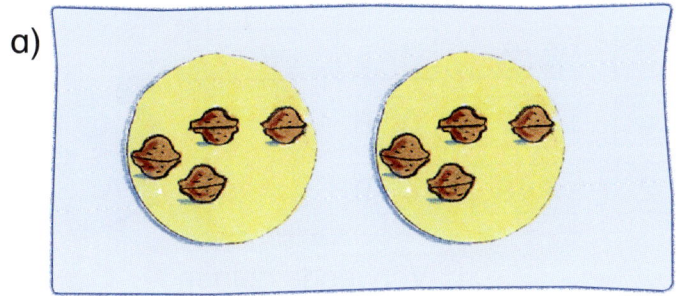

b)

c)
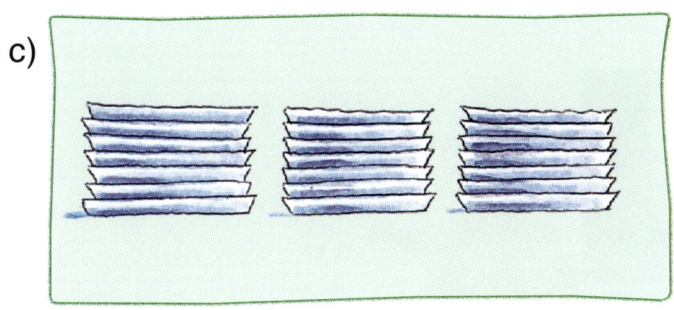

d)

e)

f)

g)
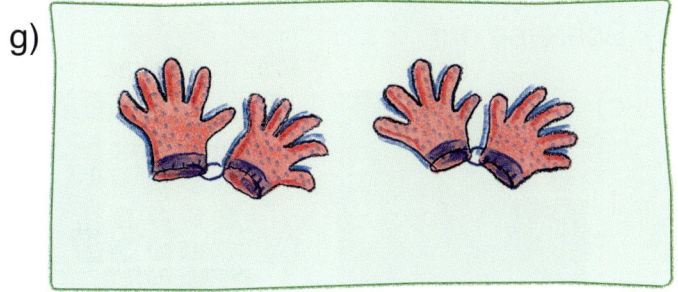

h)

 5 Wo findest du Malaufgaben im Klassenzimmer, zu Hause, im Supermarkt?

 6 Gestaltet eine Malaufgaben-
Ausstellung.

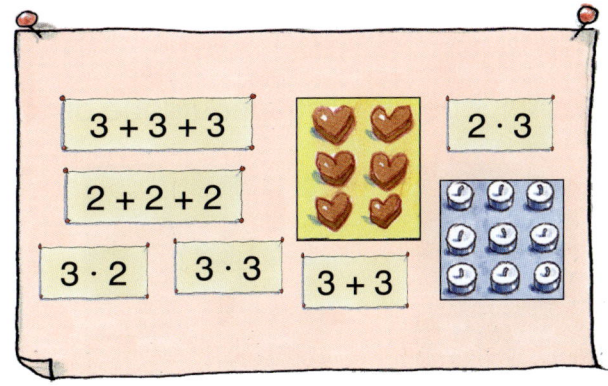

Malaufgaben im Hunderterfeld

1 a) Welche Malaufgabe ist hier dargestellt?

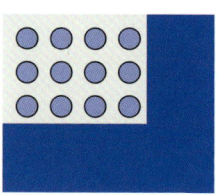

b) Zeige auf dem Hunderterfeld diese Malaufgaben und rechne.

4 · 3	2 · 4	3 · 5	2 · 7
6 · 4	1 · 7	0 · 6	
9 · 2	6 · 8	4 · 9	

Verwende deinen Abdeckwinkel.

c) Nenne eine Malaufgabe.
Dein Partner zeigt sie am Hunderterfeld.

2

5 + 5 + 5 = ☐

3 + 3 + 3 + 3 + 3 = ☐

3 · 5 =

5 · 3 =

Wer hat Recht? Simsala oder Bim? Vergleicht die Aufgaben.

3 · 5   und   5 · 3   sind Tauschaufgaben. Begründe den Namen.

3 Welche Aufgaben passen zu den Bildern? Schreibe auf.

a)

b)

c)

d)

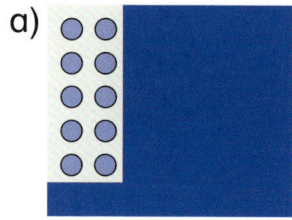

2	·	5	=	
5	·	2	=	

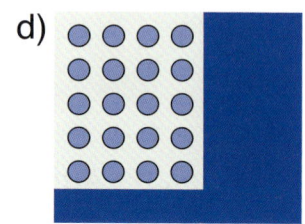

2 · 3	4 · 5	3 · 6	5 · 4	6 · 3	3 · 2

4 Schreibe Aufgabe und Tauschaufgabe auf.

a)

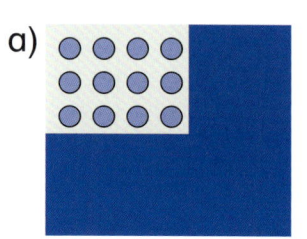

b)

c)

d)

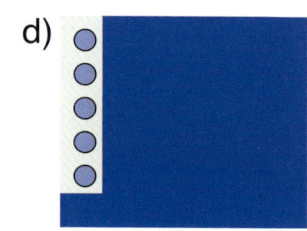

Quadrataufgaben

5 Besondere Malaufgaben: Zeichne und rechne.

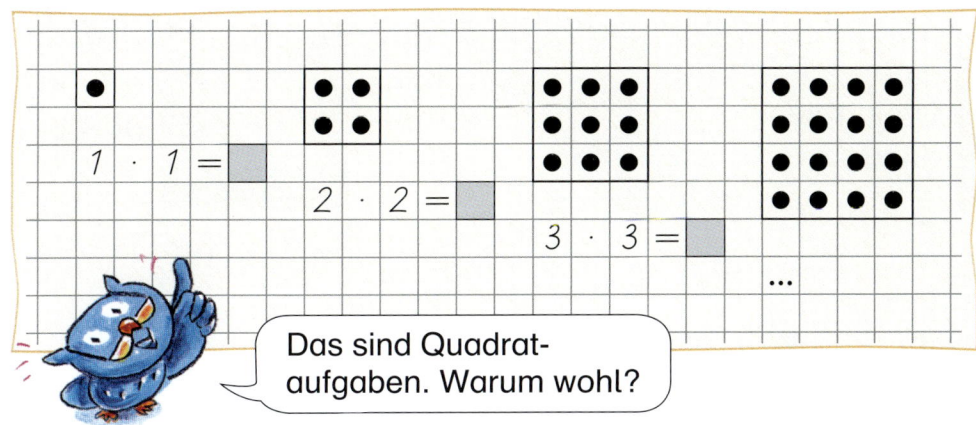

$1 \cdot 1 = \boxed{}$

$2 \cdot 2 = \boxed{}$

$3 \cdot 3 = \boxed{}$

...

Wie geht es wohl weiter?

Das sind Quadrataufgaben. Warum wohl?

6 Von einer Quadrataufgabe zur nächsten:
Zeichne und rechne.

a) Aus $\boxed{1 \cdot 1}$ mach $\boxed{2 \cdot 2}$. Wie viele Punkte kommen dazu?

b) Aus $\boxed{2 \cdot 2}$ mach $\boxed{3 \cdot 3}$. Wie viele Punkte kommen dazu?

Wie geht es weiter? Erkennst du eine Regel?

7 Welche Quadrataufgabe gehört zu welchem Ergebnis? Schreibe auf.

| $1 \cdot 1$ | $3 \cdot 3$ | $5 \cdot 5$ | $2 \cdot 2$ | $4 \cdot 4$ | $9 \cdot 9$ | $6 \cdot 6$ | $8 \cdot 8$ | $7 \cdot 7$ | $10 \cdot 10$ |

4 9 16 25 36 81 64 49 100 1

8 Welche Aufgaben sind Quadrataufgaben?
Schreibe nur die Quadrataufgaben auf.

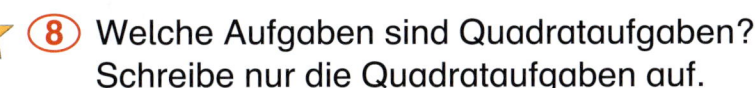

$9 = \boxed{} \cdot 3$

$12 = \boxed{} \cdot 2$

$8 = \boxed{} \cdot 2$

$25 = 5 \cdot \boxed{}$

$16 = 4 \cdot \boxed{}$

$20 = \boxed{} \cdot 4$

$100 = \boxed{} \cdot 10$

$6 = 2 \cdot \boxed{}$

Lerne die Quadrataufgaben auswendig.

9 Schreibe jede Quadrataufgabe mit Lösung
auf ein Kärtchen.
Markiere die obere Ecke rot. Übe alleine
oder mit einem Partner.

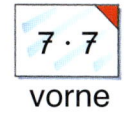

$7 \cdot 7$

vorne

Das kann ich schon

Das muss ich noch üben

49

hinten

Quadrataufgaben verändern – Nachbaraufgaben

1 Wie heißen die veränderten Aufgaben? Schreibe auf und rechne.

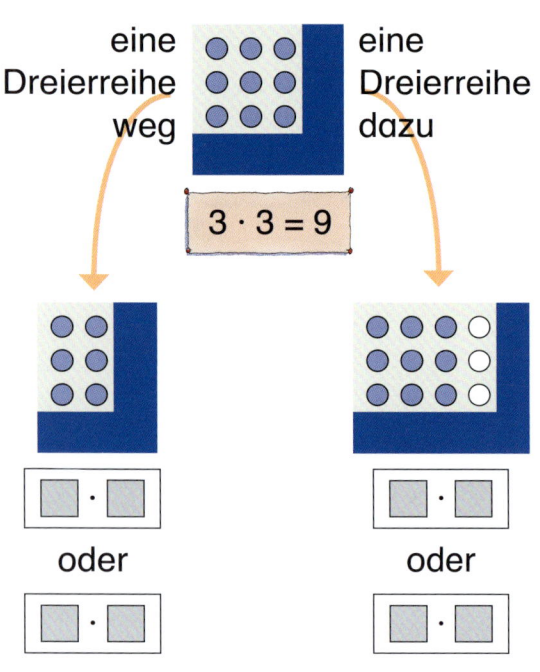

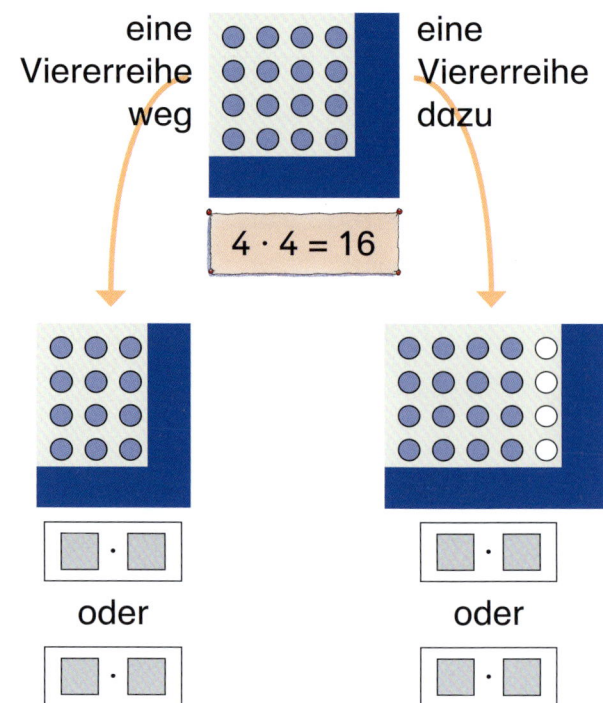

2 Verändere alle anderen Quadrataufgaben durch
Schieben auf dem Hunderterfeld. Schreibe auf und rechne.

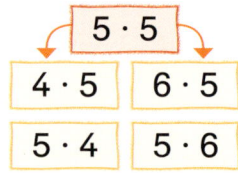

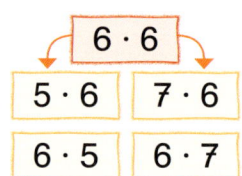

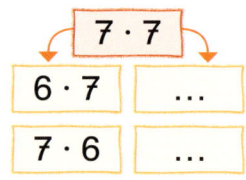

1 Reihe weg,
1 Reihe dazu,
so entstehen
Nachbaraufgaben.

Probiere es auch mit diesen Aufgaben: 8 · 8   9 · 9   10 · 10

3 Welche Quadrataufgabe hilft? Zeige am Hunderterfeld.
Schreibe Aufgabe und Quadrataufgabe mit Ergebnis auf.

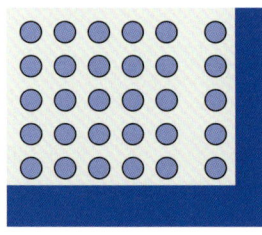

6 · 5 = ☐

5 · 5 = 25
also ist
6 · 5 …

a) 6 · 5   8 · 7   9 · 8   3 · 2   5 · 4   10 · 9
   5 · 5   7 · 7   8 · 8   2 · 2   4 · 4   9 · 9

b) 9 · 10   6 · 7   4 · 5   3 · 4   5 · 6   7 · 8
   9 · 9   6 · 6   4 · 4   3 · 3   5 · 5   7 · 7

4 Was fällt dir auf? Erkläre.

·	1	2	3	4	5	6	7	8	9	10
1	1 · 1	1 · 2	1 · 3	1 · 4	1 · 5	1 · 6	1 · 7	1 · 8	1 · 9	1 · 10
2	2 · 1	2 · 2	2 · 3							
3	3 · 1	3 · 2	3 · 3	3 · 4						
4	4 · 1		4 · 3	4 · 4	4 · 5					
5	5 · 1			5 · 4	5 · 5	5 · 6				
6	6 · 1				6 · 5	6 · 6	6 · 7			
7	7 · 1					7 · 6	7 · 7	7 · 8		
8	8 · 1						8 · 7	8 · 8	8 · 9	
9	9 · 1							9 · 8	9 · 9	9 · 10
10	10 · 1								10 · 9	10 · 10

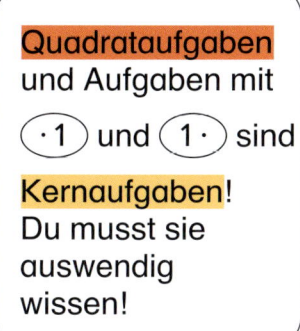

Quadrataufgaben und Aufgaben mit ·1 und 1· sind Kernaufgaben! Du musst sie auswendig wissen!

a) Zeige die Quadrataufgaben in der Tabelle. Schreibe sie auf und rechne.
b) Suche in der Tabelle Tauschaufgaben. Schreibe sie auf und rechne.
c) Lege eine eigene Einmaleinstabelle an.

5 Malaufgaben mit 1 sind besonders einfach. Warum?
Sie gehören zu den Kernaufgaben.
Schreibe für jede Aufgabe
eine Karteikarte.

vorne

hinten

6 Malaufgaben mit 0: Schreibe für jede Aufgabe eine Karteikarte.

7 Aus der Einmaleinstabelle: Rechne immer zuerst die einfachste Aufgabe.

a) 4 · 5
5 · 5
6 · 5

b) 6 · 7
7 · 7
8 · 7

c) 8 · 9
9 · 9
10 · 9

d) 3 · 4
4 · 4
5 · 4

 e) Finde weitere Aufgabenreihen.

8 Quadrataufgaben verändern – Nachbaraufgaben bilden

a) 3 · 3
2 · 3

b) 5 · 5
4 · 5

c) 7 · 7
8 · 7

d) 9 · 9
10 · 9

e) 4 · 4
…

f) 2 · 2
…

g) 6 · 6
…

h) 8 · 8
…

Verdoppeln ist auch Malnehmen

1 Schreibe die Verdopplungsaufgaben als Malaufgaben.

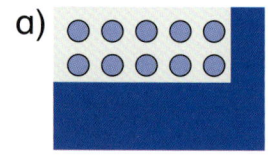 8 + 8 2 + 2 3 + 3 4 + 4 5 + 5 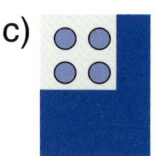 1 + 1 9 + 9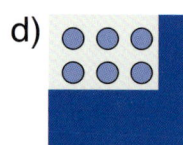

$7 + 7 = 2 \cdot 7$

Was stellst du fest?
Welche Zahl kommt in jeder Malaufgabe vor? Begründe.

2 Schreibe zu jedem Punktefeld Aufgabe und Tauschaufgabe.

a) 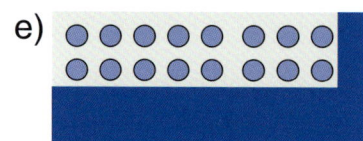   b) 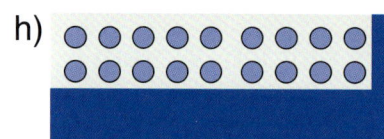   c)   d)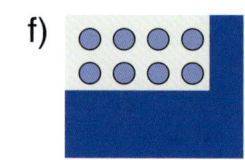

$5 \cdot 2 =$
$2 \cdot 5 =$

e) 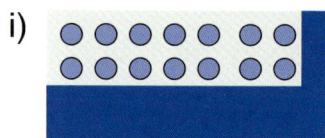   f)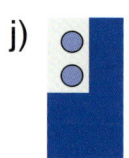

g) 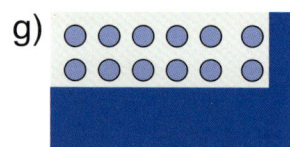   h)   i)   j)

3 Ergänze deinen Karteikasten.

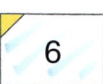 3 · 2   6

 2 · 3   6

vorne   hinten

Das kann ich schon
Das muss ich noch üben

Die Aufgaben mit ·2 oder 2· gehören zu den Kernaufgaben.

4 Nachbaraufgaben zu den Malaufgaben mit 2

Zeige am Hunderterfeld und rechne.

a) 2 · 6   2 · 4   2 · 8   2 · 7   2 · 5
   3 · 6   3 · 4   3 · 8   3 · 7   3 · 5

b) 2 · 9   2 · 10   2 · 3   2 · 2   2 · 1
   3 · 9   3 · 10   3 · 3   3 · 2   3 · 1

72

⑤ Welche Aufgaben sind in der Tabelle dazugekommen?

·	1	2	3	4	5	6	7	8	9	10
1	1·1	1·2	1·3	1·4	1·5	1·6	1·7	1·8	1·9	1·10
2	2·1	2·2	2·3	2·4	2·5	2·6	2·7	2·8	2·9	2·10
3	3·1	3·2	3·3	3·4	3·5	3·6	3·7	3·8	3·9	3·10
4	4·1	4·2	4·3	4·4	4·5					
5	5·1	5·2	5·3	5·4	5·5	5·6				
6	6·1	6·2	6·3		6·5	6·6	6·7			
7	7·1	7·2	7·3			7·6	7·7	7·8		
8	8·1	8·2	8·3				8·7	8·8	8·9	
9	9·1	9·2	9·3					9·8	9·9	9·10
10	10·1	10·2	10·3						10·9	10·10

Die Tabelle füllt sich. Aufgaben mit ·2 und 2· sind auch Kernaufgaben.

a) Betrachte die 2· Aufgaben. Darüber und darunter siehst du Nachbaraufgaben. Schreibe auf und rechne.

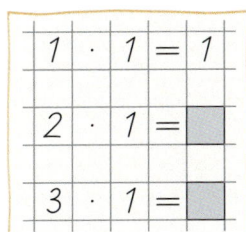 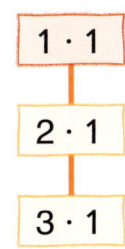 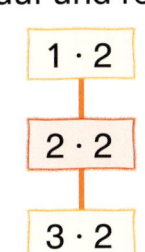 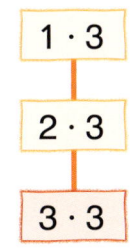 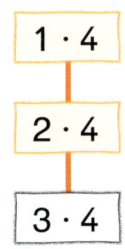

b) Betrachte die ·2 Aufgaben. Links und rechts daneben siehst du die Nachbaraufgaben. Schreibe auf und rechne.

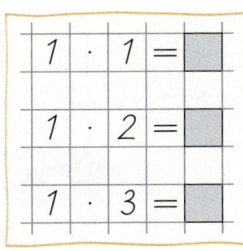 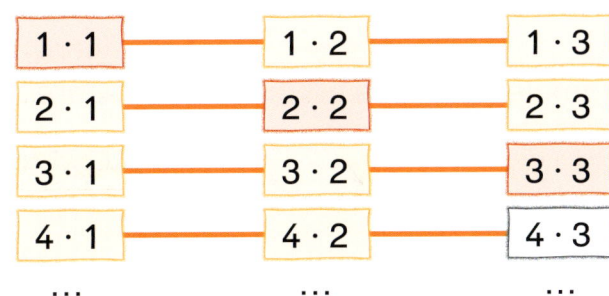

⑥ Malaufgaben mit 2 helfen dir. Zeige am Hunderterfeld. Rechne.

3·9 = ☐
2·9 = ☐

a) 3·9 / 2·9　　b) 3·6 / 2·6　　c) 3·8 / 2·8　　d) 8·3 / 8·2

e) 7·3 / 7·2　　f) 6·3 / 6·2　　g) 3·9 / 2·9　　h) 4·3 / 4·2

⑦ Sucht alle Malaufgaben mit 2. Nennt die Ergebnisse blitzschnell.

73

Malaufgaben mit 10

① Zeige die Aufgaben an deinem Hunderterfeld und rechne.

| 5 · 10 = ☐ | 3 · 10 = ☐ | 7 · 10 = ☐ | 6 · 10 = ☐ | 4 · 10 = ☐ |
| 10 · 5 = ☐ | 10 · 3 = ☐ | 10 · 7 = ☐ | ☐ · ☐ = ☐ | ☐ · ☐ = ☐ |

?

Was haben alle Ergebnisse gemeinsam?

② Suche in deinem Karteikasten Malaufgaben mit 10.
Schreibe die fehlenden Aufgaben auf Karteikarten.
Markiere die obere Ecke gelb. Übe.

4 · 10	40
10 · 4	40
vorne	hinten

Das kann ich schon
Das muss ich noch üben

③ Malaufgaben mit 10 verändern. Zeige am Hunderterfeld.

a)

| 10 · 4 | 10 · 6 | 10 · 8 | 10 · 3 | 10 · 5 |
| 9 · 4 | 9 · 6 | 9 · 8 | 9 · 3 | 9 · 5 |

| 10 · 9 | 10 · 7 | 10 · 2 | 10 · 10 |
| 9 · 9 | 9 · 7 | 9 · 2 | 9 · 10 |

b)

| 7 · 10 | 6 · 10 | 5 · 10 | 10 · 10 | 8 · 10 |
| 7 · 9 | 6 · 9 | 5 · 9 | 10 · 9 | 8 · 9 |

| 4 · 10 | 3 · 10 | 2 · 10 | 9 · 10 |
| 4 · 9 | 3 · 9 | 2 · 9 | 9 · 9 |

> Malaufgaben mit 10 sind **Kernaufgaben**. Lerne sie auswendig.

④ Wie hat sich die Einmaleinstabelle verändert? Beschreibe.

·	1	2	3	4	5	6	7	8	9	10
1	1 · 1	1 · 2	1 · 3	1 · 4	1 · 5	1 · 6	1 · 7	1 · 8	1 · 9	1 · 10
2	2 · 1	2 · 2	2 · 3	2 · 4	2 · 5	2 · 6	2 · 7	2 · 8	2 · 9	2 · 10
3	3 · 1	3 · 2	3 · 3	3 · 4	3 · 5	3 · 6	3 · 7	3 · 8	3 · 9	3 · 10
4	4 · 1	4 · 2	4 · 3	4 · 4	4 · 5				4 · 9	4 · 10
5	5 · 1	5 · 2	5 · 3	5 · 4	5 · 5	5 · 6			5 · 9	5 · 10
6	6 · 1	6 · 2	6 · 3		6 · 5	6 · 6	6 · 7		6 · 9	6 · 10
7	7 · 1	7 · 2	7 · 3			7 · 6	7 · 7	7 · 8	7 · 9	7 · 10
8	8 · 1	8 · 2	8 · 3				8 · 7	8 · 8	8 · 9	8 · 10
9	9 · 1	9 · 2	9 · 3	9 · 4	9 · 5	9 · 6	9 · 7	9 · 8	9 · 9	9 · 10
10	10 · 1	10 · 2	10 · 3	10 · 4	10 · 5	10 · 6	10 · 7	10 · 8	10 · 9	10 · 10

a) Löse alle weißen Aufgaben mithilfe von Kernaufgaben.

| 2 | · | 4 | = | ☐ |
| 3 | · | 4 | = | ☐ |

b) Übe mit deinem Karteikasten alle Kernaufgaben.

5 Malaufgaben mit 10 halbieren: Setze die Reihe fort.

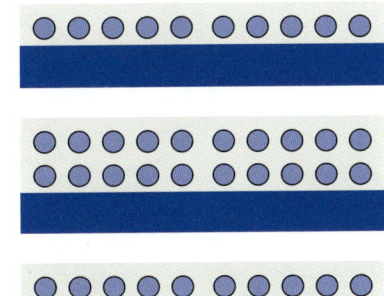

$1 \cdot 10 = 10 \longrightarrow 1 \cdot 5 = 5$

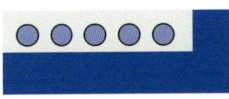

$2 \cdot 10 = 20 \longrightarrow 2 \cdot 5 = 10$

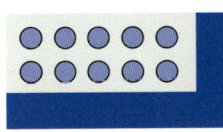

$3 \cdot 10 = 30 \longrightarrow 3 \cdot 5 = 15$

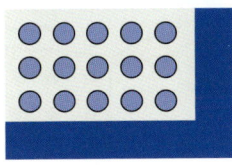

...

6 Suche in deinem Karteikasten Malaufgaben mit 5.
Schreibe die fehlenden Aufgaben auf Karteikarten.
Markiere die obere Ecke gelb. Übe.

Malaufgaben mit 5 sind Kernaufgaben. Lerne sie auswendig!

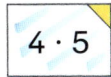 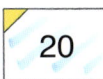

vorne   hinten

7 Malaufgaben mit 5 verändern: Zeige am Hunderterfeld.

a) $5 \cdot 4$ $\quad$ $5 \cdot 2$ $\quad$ $5 \cdot 7$ $\quad$ $5 \cdot 3$ $\quad$ $5 \cdot 8$
$\quad$ $6 \cdot 4$ $\quad$ $6 \cdot 2$ $\quad$ $6 \cdot 7$ $\quad$ $6 \cdot 3$ $\quad$ $6 \cdot 8$

b) $5 \cdot 6$ $\quad$ $5 \cdot 1$ $\quad$ $5 \cdot 10$ $\quad$ $5 \cdot 5$ $\quad$ $5 \cdot 9$
$\quad$ $6 \cdot 6$ $\quad$ $6 \cdot 1$ $\quad$ $6 \cdot 10$ $\quad$ $6 \cdot 5$ $\quad$ $6 \cdot 9$

8 Schreibe zu diesen Ergebnissen Malaufgaben auf.

a) $2 \cdot 10 =$ [ ]
$\quad$ $4 \cdot$ ...

a) 20 $\qquad$ b) 15 $\qquad$ c) 50

d) 35 $\qquad$ e) 45 $\qquad$ f) 40

9 Malaufgaben mit 5 verdoppeln

a) $5 \cdot 2$ $\quad$ b) $5 \cdot 4$ $\quad$ c) $2 \cdot 5$ $\quad$ d) $6 \cdot 5$ $\quad$ e) $5 \cdot 7$
$\quad$ $10 \cdot 2$ $\quad\quad$ $10 \cdot 4$ $\quad\quad$ $2 \cdot 10$ $\quad\quad$ $6 \cdot 10$ $\quad\quad$ $10 \cdot 7$

Malaufgaben zusammensetzen ...

① Simsala und Bim setzen Malaufgaben zusammen.

2 · 3 und
5 · 3 ist 7 · 3.

3 · 3 und
3 · 3 ist 6 · 3.

Bim schreibt so:

3	·	3	=		9
3	·	3	=		9
6	·	3	=	1	8

Simsala schreibt so:

5	·	3	=	1	5
2	·	3	=		6
7	·	3	=	2	1

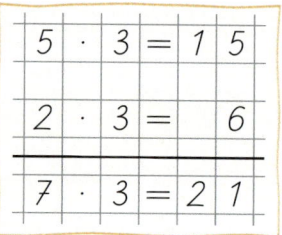 a) Setzt Punktefelder zusammen und schreibt wie Simsala und Bim auf Karten.

b) Welche neuen Malaufgaben sind entstanden?
Wie habt ihr sie zusammengesetzt?

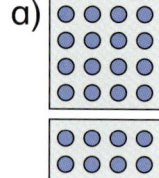 6 · 3   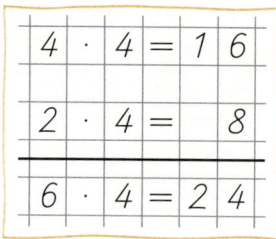 7 · 3   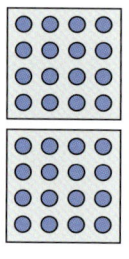 ?   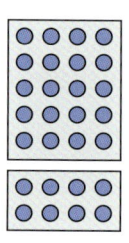 ?   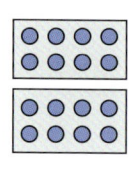 ?

② Welche Aufgaben sind hier entstanden? Schreibe auf.

a)

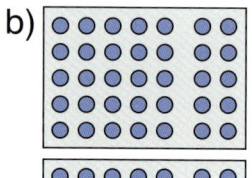

4	·	4	=	1	6
2	·	4	=		8
6	·	4	=	2	4

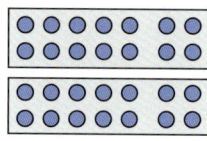

b)

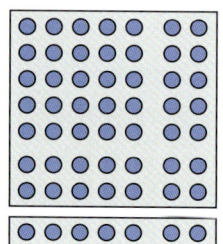

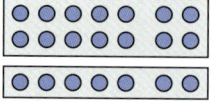

... und zerlegen

Das ganze Einmaleins.

·	1	2	3	4	5	6	7	8	9	10
1	1 · 1	1 · 2	1 · 3	1 · 4	1 · 5	1 · 6	1 · 7	1 · 8	1 · 9	1 · 10
2	2 · 1	2 · 2	2 · 3	2 · 4	2 · 5	2 · 6	2 · 7	2 · 8	2 · 9	2 · 10
3	3 · 1	3 · 2	3 · 3	3 · 4	3 · 5	3 · 6	3 · 7	3 · 8	3 · 9	3 · 10
4	4 · 1	4 · 2	4 · 3	4 · 4	4 · 5	4 · 6	4 · 7	4 · 8	4 · 9	4 · 10
5	5 · 1	5 · 2	5 · 3	5 · 4	5 · 5	5 · 6	5 · 7	5 · 8	5 · 9	5 · 10
6	6 · 1	6 · 2	6 · 3	6 · 4	6 · 5	6 · 6	6 · 7	6 · 8	6 · 9	6 · 10
7	7 · 1	7 · 2	7 · 3	7 · 4	7 · 5	7 · 6	7 · 7	7 · 8	7 · 9	7 · 10
8	8 · 1	8 · 2	8 · 3	8 · 4	8 · 5	8 · 6	8 · 7	8 · 8	8 · 9	8 · 10
9	9 · 1	9 · 2	9 · 3	9 · 4	9 · 5	9 · 6	9 · 7	9 · 8	9 · 9	9 · 10
10	10 · 1	10 · 2	10 · 3	10 · 4	10 · 5	10 · 6	10 · 7	10 · 8	10 · 9	10 · 10

3 Weiße Aufgaben zerlegen.

$$5 \cdot 7 = 35$$
$$1 \cdot 7 = 7$$
$$6 \cdot 7 = 42$$

Tipp: Kernaufgaben helfen.

6 · 7

6 · 9   7 · 8   8 · 6

4 Wähle selbst weiße Aufgaben. Wie löst du sie? Erkläre.

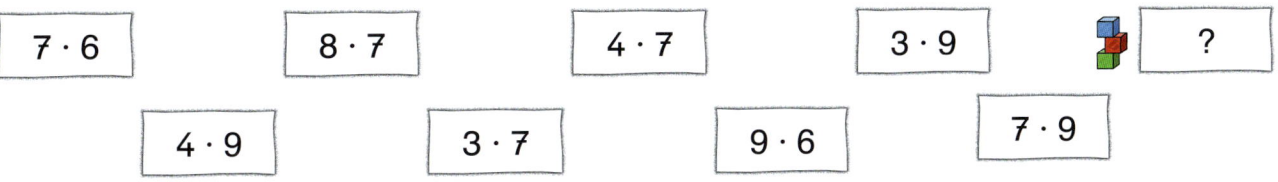

| 7 · 6 | 8 · 7 | 4 · 7 | 3 · 9 | ? |

4 · 9   3 · 7   9 · 6   7 · 9

Mach dir ein Bild vom Malnehmen

3 · 6 = 18   6 · 3 = 18

1 Welche Bilder und Geschichten passen jeweils zu Simsalas und Bims Rechnung? Erkläre und rechne.

Was passt zu **beiden** Rechnungen?

a)

b) Vater trägt Saftkisten in den Keller.
Er geht 3-mal.
In jeder Kiste sind 6 Flaschen.

c) Amelie hat beim Würfelspiel eine 3 und eine 6 gewürfelt.

d) Ebru hat im Fotoalbum 6 Seiten beklebt.
Auf jeder Seite sind 3 Bilder.

e)

f) Bei „Mensch ärgere dich nicht" würfelt Mateja 3-mal hintereinander eine 6.
Wie viele Felder ist sie vorgerückt?

g)

Eisbecher 3 €

h) Leon hat 3 rote und 6 blaue Autos.

i)
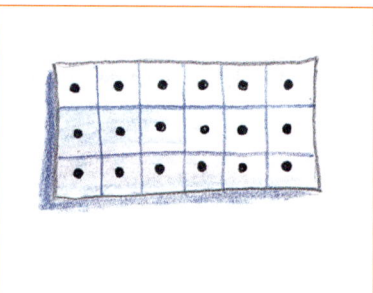

Passen wirklich alle Bilder und Geschichten?

 2 Male auch zu diesen Aufgaben Bilder oder erzähle Geschichten in deinem 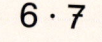.

6 · 7   9 · 9   3 · 4   2 · 8   5 · 10   7 · 3

5 Stunden ohne Pause?

3 Erzähle Rechengeschichten zu diesen Bildern.
Schreibe die Rechnungen auf.

a)

4 Nadeln für ein Bild

Für 9 Bilder?
Für 7 Bilder?

b)

Für diese Familie?
Für deine Familie?

c)

In 1 Stunde 4 km

In 3 Stunden?
In 5 Stunden?

4 Löse die Aufgaben. Musst du immer malnehmen?

a) Für unser Klassenfest
stellen wir Stühle auf.
8 Stühle stehen in einer
Reihe. 5 Reihen haben
im Klassenzimmer Platz.

b)

Diesen Monat war
Tina 0-mal beim
Schwimmen.

c) Mutter hat Geburtstag.
Michael und sein Bruder
legen ihr gespartes Geld
zusammen.
Michael hat 7 €, sein
Bruder 4 €.
Das Geschenk kostet 13 €.

d) Ein Ei muss man
5 Minuten kochen,
bis es hart ist.
Mutter hat 3 Eier im Topf.
Wie lange müssen die
Eier kochen?

e)

Jeder Gast soll
4 Schokoküsse bekommen.

Eine Zeichnung
kann dir beim
Rechnen helfen.

5 Malaufgaben gesucht: Wer findet die meisten?

Spannendes am Geobrett

1 a) Spanne diese Figuren nach.

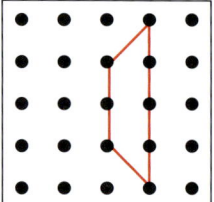 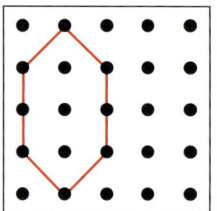 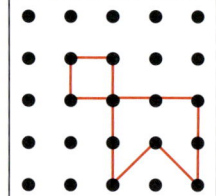 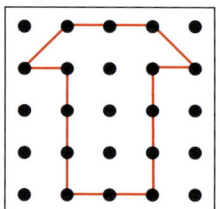 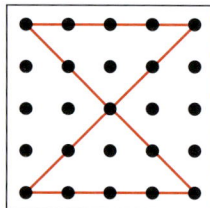

b) Zeichne die Figuren in dein .

c) Bei welchen Figuren entdeckst du
Symmetrieachsen? Zeichne sie ein.

Ich zeichne Symmetrieachsen.

 d) Erklärt, wo die Symmetrieachsen liegen.

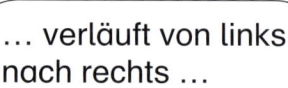

… genau in der Mitte.

… verläuft von oben
nach unten …

… verläuft von links
nach rechts …

2 Spanne eigene symmetrische Figuren und zeichne sie in dein .

a) Figuren mit einer Symmetrieachse
b) Figuren mit zwei Symmetrieachsen

3 Spanne die Rechtecke nach. Findest du noch weitere?
Zeichne sie auf.

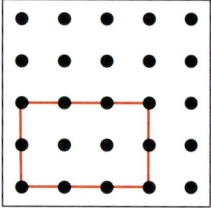 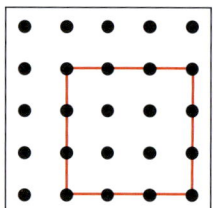 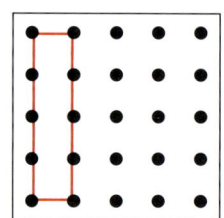

Ein Quadrat ist
ein besonderes
Rechteck.

Quadrat

Rechteck

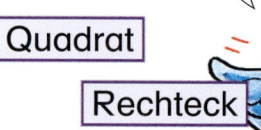

4 a) Rechtecke zerlegen: Spanne einen weiteren Gummi ein.
Welche Figuren entstehen? Zeichne auf.

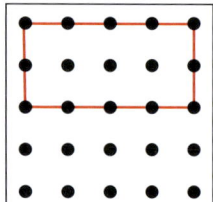 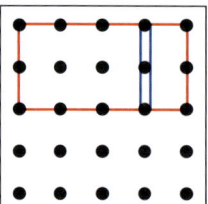 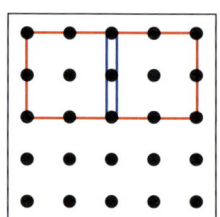

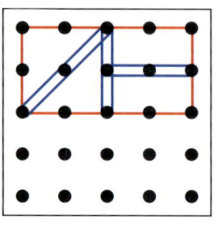

b) Welche Figuren können entstehen, wenn du mehrere
Gummis einspannst?
c) Verändere jetzt ein Quadrat.

5 Figuren durch einen Handgriff verändern: Was entsteht?

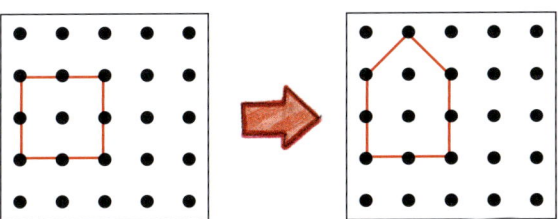 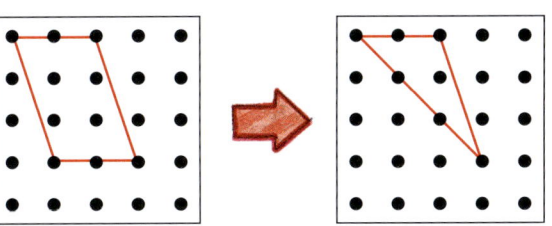

Spanne weitere Figuren und verändere sie.

6 Miss die Größe der Figur in kleinen Quadraten ☐.

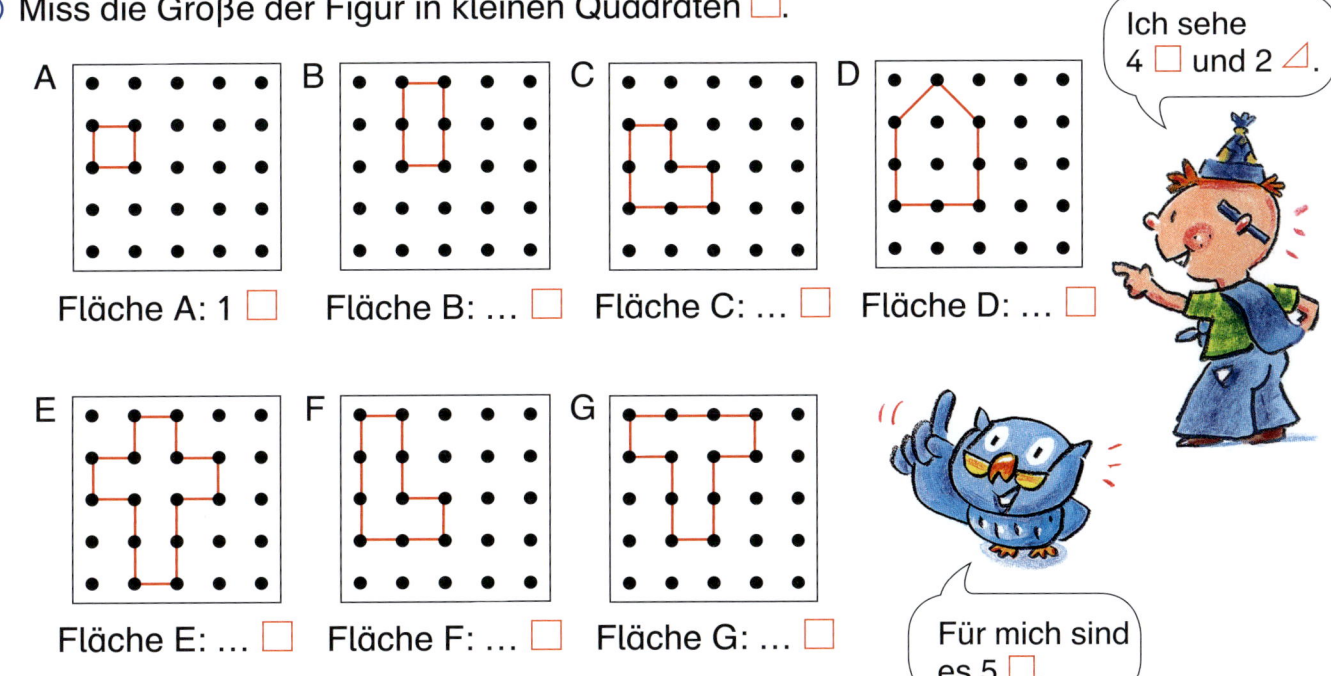

Ich sehe 4 ☐ und 2 ◹.

Fläche A: 1 ☐   Fläche B: … ☐   Fläche C: … ☐   Fläche D: … ☐

Fläche E: … ☐   Fläche F: … ☐   Fläche G: … ☐

Für mich sind es 5 ☐.

Welche Fläche ist die größte?
Untersuche die Figuren von Aufgabe **6**.
Wie viele kleine △ sind das jeweils?

7 Spanne Figuren mit 4 ☐. Wie viele verschiedene findest du?
Suche verschiedene Figuren mit 2 ☐, 3 ☐ und 5 ☐.
Probiere am Geobrett und zeichne ins Heft.

Die Figuren dürfen nicht gedreht werden.

8 „Kopfgeometrie"

a) Überlege: Was entsteht, wenn du einen Gummi um die Nägel 1, 11, 13, 3 und 1 spannst? Überprüfe.

Überlege ebenso bei:
b) 6, 16, 18, 6
c) 22, 7, 3, 9, 24, 22
d) 2, 6, 18, 14, 2
e) Denke dir weitere Aufgaben aus.

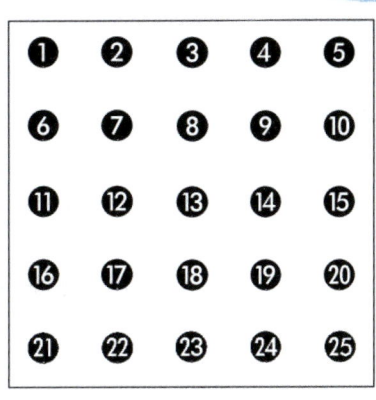

81

Spiele mit Würfeln

① a) Würfelt mit 2 Würfeln und
      schreibt die Plusrechnung auf.
      Jeder würfelt 5-mal.
      Wer gewinnt?

   b) Überlegt:
      Welche Ergebnisse
      sind möglich?
      Wie heißt das kleinste?
      Wie heißt das größte?

   c) Schreibt jedes
      mögliche
      Ergebnis in
      eine Liste.

      > 2
      > 3
      > 4

> 9 ist größer!

> Tom | Sarah
> 6 + 3 = 9 | 2 + 5 = 7

② Ein neues Spiel:
   6 Spieler, 2 Würfel

> Ein Punkt für mich!

> 10!

> Jeder wählt eine
> Ergebniszahl.
> Würfelt so oft wie
> möglich reihum.
> Jeder Treffer gibt 1 Strich.
>
> Spieldauer: 5 Minuten
>
> Spielt immer wieder mit
> anderen Ergebniszahlen.
> Welche Zahlen kommen
> am häufigsten vor?

③ Überlege, wie man bei diesem Spiel gewinnen kann.
   Würfle ganz oft und mache eine Strichliste.

> Welches Ergebnis
> würdest du als
> nächstes wählen?
> Erkläre.

2	l		7	l l
3			8	l l l l
4	l l		9	
5			1 0	l l
6	l l l		1 1	l l
			1 2	l

> 2 Möglichkeiten!

(4) Notiere zu jeder gewürfelten Ergebniszahl alle Möglichkeiten so:

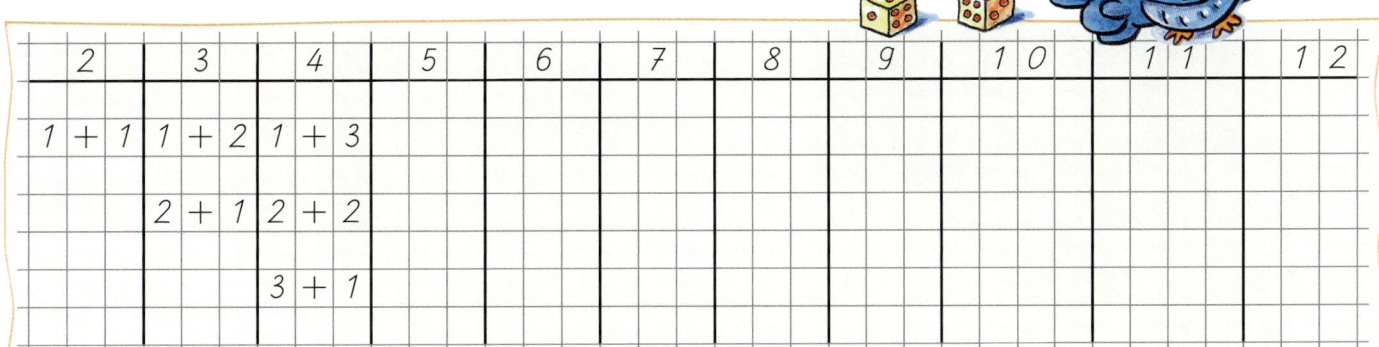

2	3	4	5	6	7	8	9	1 0	1 1	1 2
1 + 1	1 + 2	1 + 3								
	2 + 1	2 + 2								
		3 + 1								

Habt ihr alle Würfelergebnisse? Vergleicht.
Beschreibt die Tabelle. Was fällt euch auf?

(5) Welches Ergebnis würdest du wählen? Welches nicht?
Begründe.

> … gibt es oft.

> … kommt nur selten vor.

> … nie.

> … öfter als …

(6) Was sagst du dazu? Kann das sein?

a) Ich habe das Ergebnis ⬜1⬜ gewürfelt.

b) Mit ⬜9⬜ gewinne ich öfter als mit ⬜3⬜.

c) Das Ergebnis kann jede Zahl von ⬜2⬜ bis ⬜12⬜ sein.

d) Mit ⬜7⬜ verliere ich öfter als mit ⬜12⬜.

 Denke dir selbst solche Aussagen aus. Sprecht darüber in der Klasse.

(7) Würfle mit 3 Würfeln. Welche Ergebnisse sind hier möglich?
Schreibe die Ergebnisse auf.

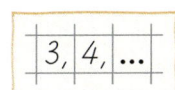

3, 4, …

(8) Spielt das Spiel von Aufgabe **(2)** jetzt mit 3 Würfeln.
Welche Zahl wählst du? Welche nicht?

1 Schreibe beide Malaufgaben auf.

a) 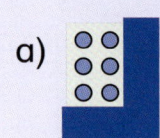 b) 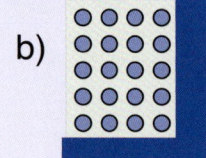 c) 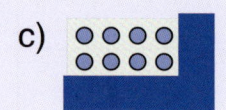 d) 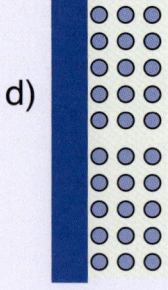 e)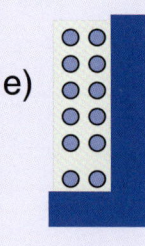

2	·	3	=	
3	·	2	=	

f) 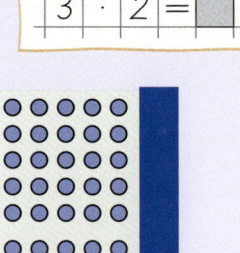 g) 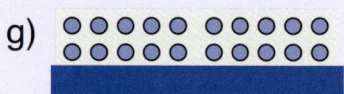 h) 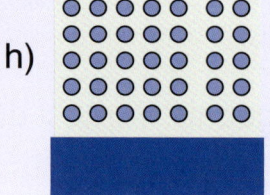 i)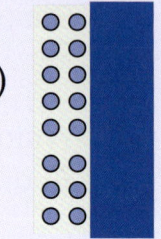

2 Welche Quadrataufgaben passen zu diesen Ergebnissen?

| 49 | 36 | 64 | 25 | 81 | 4 | 9 | 0 | 16 | 100 | 1 |

Schreibe alle Quadrataufgaben geordnet in dein .

3 Rechne Malaufgaben mit 2.

7 + 7 = 14

| 2 | · | 7 | = | 1 | 4 |

a) 2 · 7
   2 · 9
   2 · 3

b) 4 · 2
   6 · 2
   8 · 2

c) 2 · 0
   5 · 2
   2 · 10

d) 4 · 2
   2 · 6
   9 · 2

e) 10 · 2
   2 · 1
   0 · 2

f) 3 · 2
   2 · 8
   7 · 2

4 Rechne Malaufgaben mit 10.

```
6 · 1 0 = 6 0
```

a) 6 · 10
5 · 10
4 · 10

b) 10 · 3
10 · 2
10 · 9

c) 8 · 10
10 · 7
2 · 10

d) 0 · 10
3 · 10
7 · 10

e) 10 · 1
10 · 10
9 · 10

f) 10 · 0
1 · 10
10 · 4

5 Rechne Malaufgaben mit 5.

```
4 · 5 = 2 0
```

a) 4 · 5
3 · 5
8 · 5

b) 5 · 7
5 · 6
5 · 9

c) 6 · 5
5 · 2
9 · 5

d) 5 · 3
2 · 5
5 · 8

e) 5 · 4
0 · 5
5 · 0

f) 7 · 5
5 · 10
1 · 5

6 Schreibe alle Malaufgaben mit 2, 5 und 10 in dein .

7 Mit Kernaufgaben Nachbaraufgaben lösen

```
2 · 6 = 1 2
3 · 6 = 1 8
```

a) 2 · 6   2 · 8   5 · 3   5 · 4
   3 · 6   3 · 8   6 · 3   6 · 4

b) 7 · 7   3 · 3   6 · 6   8 · 8
   8 · 7   4 · 3   7 · 6   9 · 8

c) 4 · 4   7 · 7   9 · 9   8 · 8
   3 · 4   6 · 7   8 · 9   7 · 8

d) 10 · 8   10 · 7   10 · 4   10 · 6
    9 · 8   9 · 7   9 · 4   9 · 6

1 € sind 100 ct.

① Beschreibe die Münzen und Scheine.
Welche Scheine hattest du noch nie in der Hand?
Mit einem 500-€-Schein bezahlt man selten. Warum?

② Geldbeträge schnell gezählt

Lege nach und sortiere so, dass du schnell zählen kannst.

a)

b)
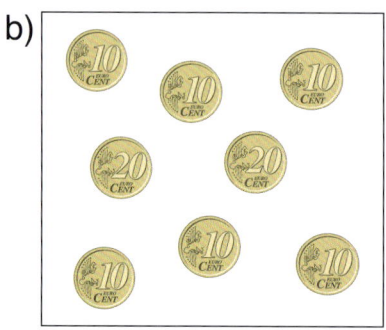

c)
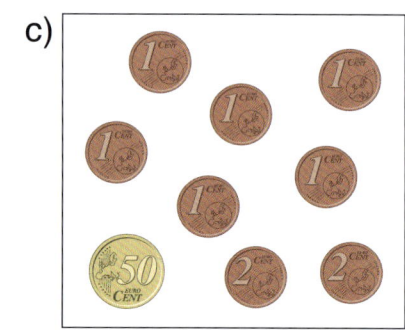

d)
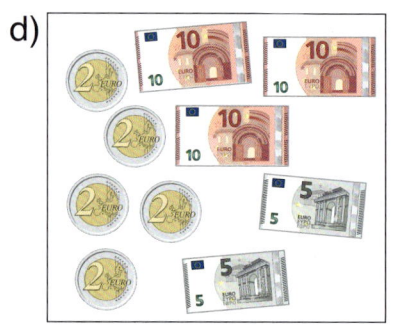

e)
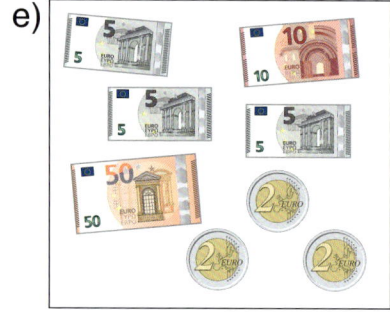

f)

Schreibe die Beträge von a) bis f) geordnet auf. Beginne mit dem kleinsten Betrag.

 ③ Lege einen Geldbetrag. Dein Partner legt den Betrag mit anderen Münzen
und Scheinen.

4 <, > oder = ?

a) 3 € ◯ 30 €

b) 100 ct ◯ 1 €

c) 10 ct ◯ 1 €

40 € ◯ 40 ct

50 € 70 ct ◯ 70 € 50 ct

97 € ◯ 90 € 70 ct

5 Lege mit möglichst wenigen Münzen und Scheinen. Zeichne.

a) 17 ct, 32 ct, 23 ct, 74 ct, 26 ct, 48 ct

b) 72 €, 88 €, 23 €, 59 €, 47 €, 71 €

c) 26 € und 26 ct, 49 € und 89 ct
52 € und 33 ct, 98 € und 15 ct
19 € und 99 ct, 34 € und 67 ct

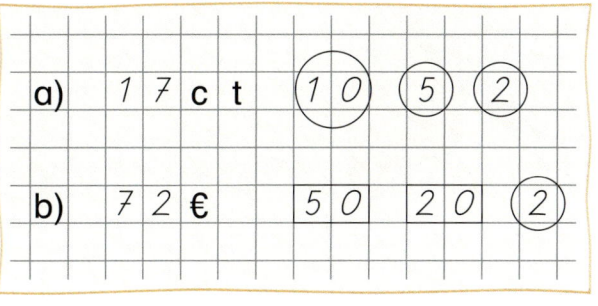

6 Ergänze auf 1€. Zeichne die fehlenden Münzen.

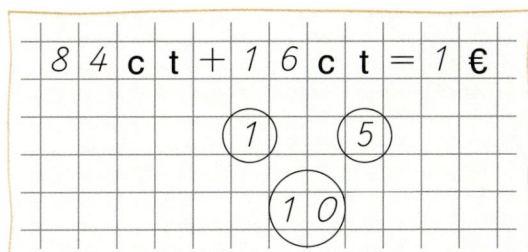

a) 84 ct

b) 27 ct

c) 45 ct

d) 97 ct

e) 36 ct

f) 12 ct

g) 51 ct

h) 74 ct

i) 1 ct

7 Ergänze. Zeichne die fehlenden Münzen und Scheine.

a)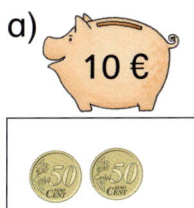

b)

c)

d)

e)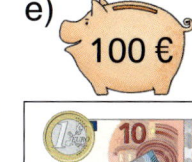

f)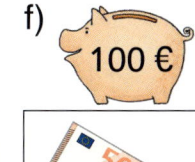

87

Einkaufen und bezahlen

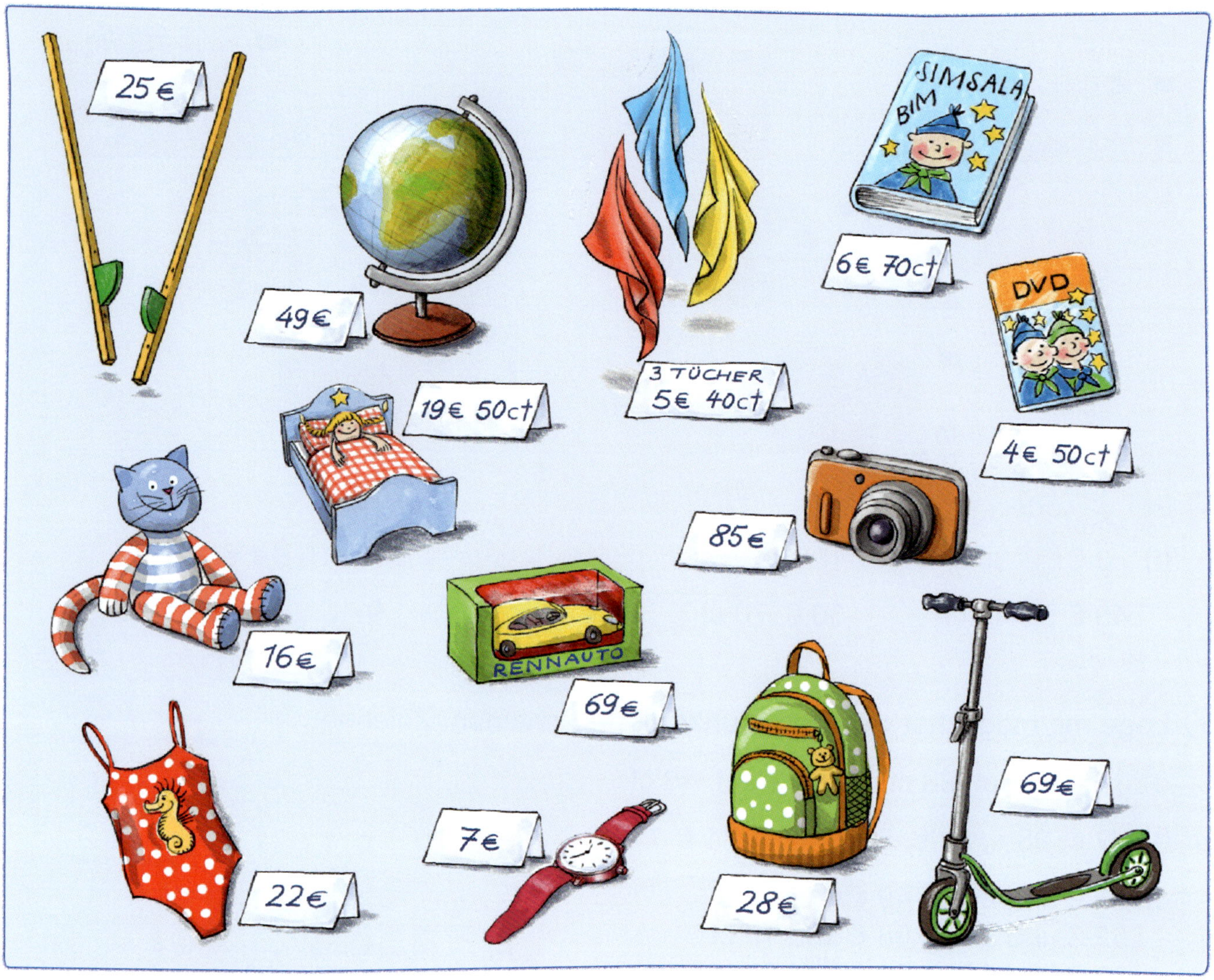

25 €
49 €
3 TÜCHER
5 € 40 ct
SIMSALA BIM
6 € 70 ct
DVD
4 € 50 ct
19 € 50 ct
85 €
16 €
RENNAUTO
69 €
69 €
22 €
7 €
28 €

① Was würdest du kaufen?
Lies die Preise.

② Mit welchen Scheinen und Münzen kannst du bezahlen?
Lege und zeichne ins Heft. Finde zwei Möglichkeiten für einen Preis.

DVD	4 € 50 ct	(2) (2) (50)	(2) (1) (1) (10) (20) (20)
Buch	6 € 70 ct		
Kamera	85 €		

③ Kann das stimmen? Überprüfe.

Ich kaufe ein Buch und den Rucksack. Das kostet zusammen 30 €.

Der Globus und die Stelzen kosten zusammen 64 €.

Der Roller und das Stofftier kosten zusammen mehr als 80 €.

④ Wie viel Geld bleibt übrig?

	gespartes Geld	Wunsch		gespartes Geld	Wunsch
Amelie			Leon		
Clara			Stefan		
Ayse			Maxi		

Amelie	3	0	€	−	1	6	€	=	1	4	€	oder
				1	6	€	+	1	4	€	=	3	0	€

⑤ Wie viel Geld fehlt noch?

Franz:	2	1	€	+			€	=	2	5	€

	gespartes Geld	Wunsch		gespartes Geld	Wunsch
Franz			Anna		
Paul			Uli		
Anika			Erkan		

 ⑥ Tina kauft 3 Tücher.

Sie bezahlt so: . Überlege, warum?

 ⑦ Lisa kauft die Uhr und bezahlt mit .
Der Verkäufer fragt sie: „Hättest du vielleicht 2 €?" Überlege, warum?

 ⑧ Erstellt selbst ein Plakat mit euren Wünschen.
Erfindet Aufgaben dazu.

89

Frisches aus der Zauberküche

Speisekarte

Frischer Brennnesselsalat	7 €
Gegrillte Krähenfüße	5 €
Saure Würmer	4 € 50 ct
Brotsuppe	3 €
Kräutertee	1 € 50 ct
Pfefferminzwein	2 €
Zaubertopf Spezial	9 €

① Spielt in eurem Klassenzimmer „Zauberküche".

Ihr braucht: Spielgeld, Bestellblöcke,
Bedienungen und Gäste.

Bestellt bei der Bedienung – zum Schluss wird bezahlt.

② Wie hoch war die Rechnung an jedem Tisch? Rechne.

Tisch 1	Tisch 2	Tisch 3	Tisch 4
Zaubertopf	2 Pfefferminzwein	4 Pfefferminzwein	Pfefferminzwein
Pfefferminzwein	2 Brennnesselsalat	Kräutertee	Kräutertee
Krähenfüße	2 Zaubertopf	Würmer	Würmer
		4 Brotsuppe	2 Krähenfüße
			Brotsuppe

③ Kann das stimmen? Erkläre.

Tisch 5		Tisch 6		Tisch 7	
Brennnesselsalat	7 €	Krähenfüße	5 €	2 Würmer	4 € 50 ct
Zaubertopf	9 €	Brotsuppe	3 €	2 Kräutertee	1 € 50 ct
Pfefferminzwein	2 €	Zaubertopf	9 €		
Kräutertee	1 € 50 ct	3 Pfefferminzwein	2 €		
19 €		**17 €**		**105 €**	

④ Wie hoch ist das Rückgeld? Schreibe in dein Heft.

	Rechnung	gegeben	zurück
a)	28 € 50 ct	40 €	
b)	21 €	30 €	
c)	18 €	50 €	
d)	39 € 50 ct	50 €	
e)	32 €	50 €	
f)	87 € 50 ct	100 €	

⑤ Wo wurde falsch zurückgegeben? Kontrolliere nach.

a)

Rechnung:

15 € 50 ct

gegeben:

zurück:

b)

Rechnung:

24 € 50 ct

gegeben:

zurück:

c)

Rechnung:

36 € 50 ct

gegeben:

zurück:

d)

Rechnung:

35 € 50 ct

gegeben:

zurück:

⑥ Der gierige Zauberer „Nimmersatt" isst und trinkt alles
auf der Speisekarte von Aufgabe ①. Wie viel muss er bezahlen?

⑦ Schnapszahlen!

Wer für 11 €, 22 €, 33 €, 44 €, … isst und trinkt, muss nicht
bezahlen! Was könntest du umsonst essen oder trinken?

1 Warst du schon einmal auf einem Naturspielplatz?
Welche Spielgeräte siehst du im Bild? Erzähle.

 rechts von
links · hinter
rechts · links von · vor

2 Wo ist …? Beschreibe.

 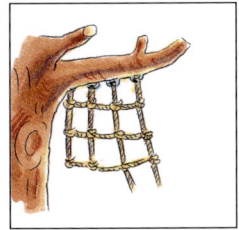   

3 Wo findest du …? Beschreibe.

4 Verschiedene Wege – Beschreibe.

a) von der …   zur ...   vom …   zum ...   vom …   zur ...

vom …   zur ...

b) Beschreibe: • den längsten / den kürzesten Weg,
• deinen Lieblingsweg.

5 Rundweg
a) Finde einen Rundweg, bei dem du an jedem Spielgerät einmal
vorbeikommst. Kein Wegstück darf doppelt gegangen werden.
b) Gibt es mehrere Möglichkeiten?

6 Augenreise

Start:	Start:	Start:
• 3 Schritte vor	• 4 Schritte vor	• 3 Schritte vor
• links abbiegen	• rechts abbiegen	• links abbiegen
• 11 Schritte vor	• 15 Schritte vor	• 8 Schritte vor
Ziel: ?	Ziel: ?	Ziel: ?

Start:

?

7 Zeichne selbst einen Spielplatz mit Wegen und Spielgeräten in dein .
Beschreibe ihn deinem Partner.

Verteilen

1 Simsala hat 15 Zauberkugeln verteilt.

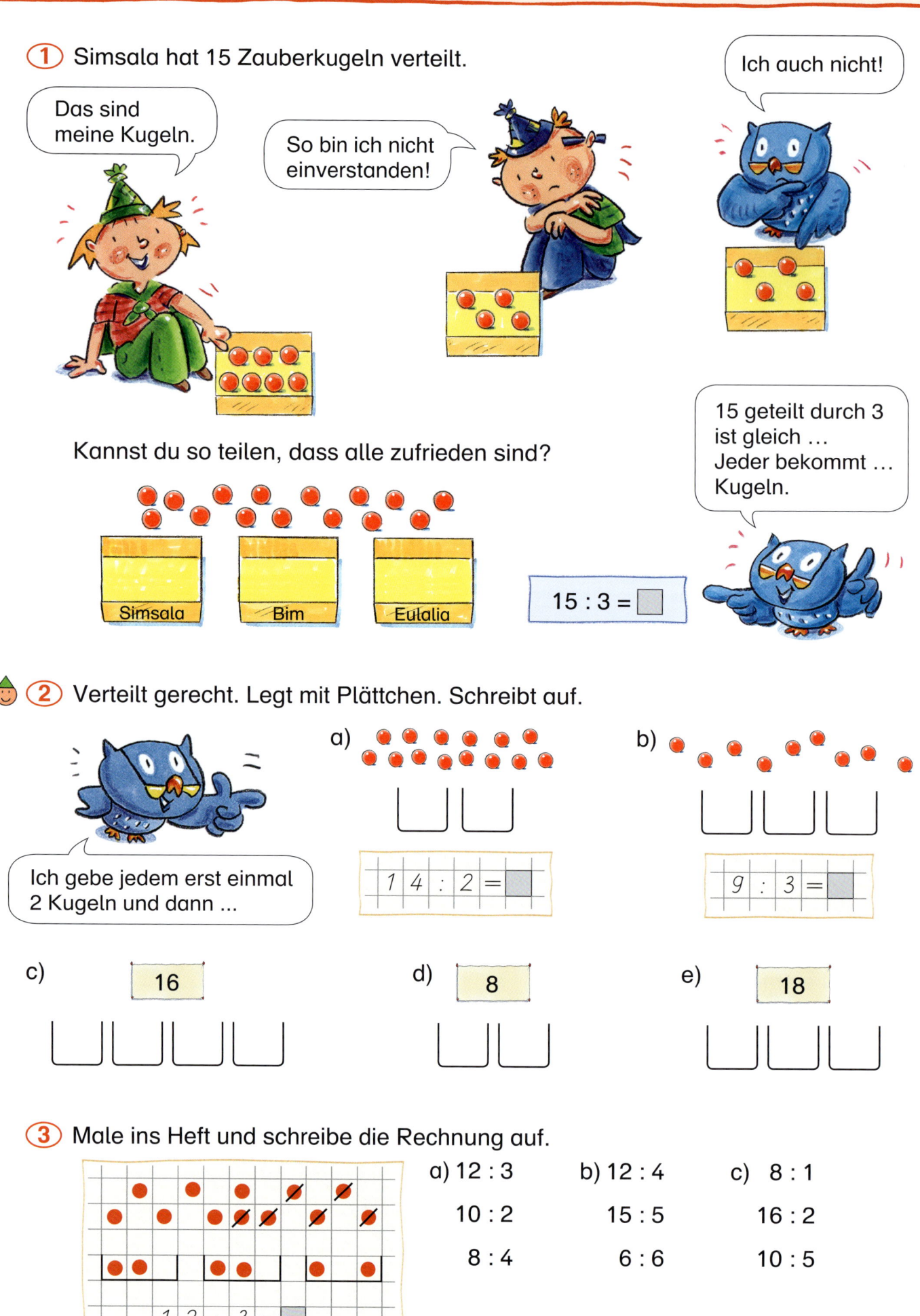

Das sind meine Kugeln.

So bin ich nicht einverstanden!

Ich auch nicht!

Kannst du so teilen, dass alle zufrieden sind?

Simsala   Bim   Eulalia

15 geteilt durch 3 ist gleich …
Jeder bekommt … Kugeln.

15 : 3 = ☐

2 Verteilt gerecht. Legt mit Plättchen. Schreibt auf.

Ich gebe jedem erst einmal 2 Kugeln und dann …

a) 1 4 : 2 = ☐

b) 9 : 3 = ☐

c) 16

d) 8

e) 18

3 Male ins Heft und schreibe die Rechnung auf.

1 2 : 3 = ☐

a) 12 : 3 b) 12 : 4 c) 8 : 1

10 : 2   15 : 5   16 : 2

8 : 4   6 : 6   10 : 5

94

Verteilen – mit und ohne Rest

4 Verteilen mit Rest
a) Kannst du auch 16 Zauberkugeln gerecht verteilen?

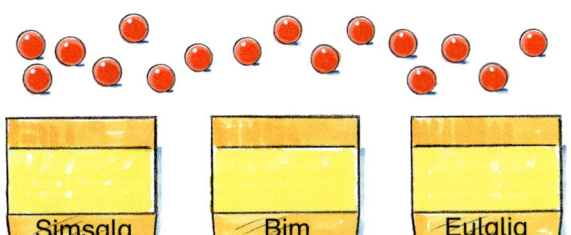

Simsala   Bim   Eulalia

$16 : 3 = \boxed{}\ R1$

1 Kugel bleibt
übrig: Rest 1.

b) Verteile auch 17, 18, 19, … Kugeln an Simsala,
Bim und Eulalia. Geht das immer gerecht?

$1\,7 : 3 = \boxed{}\ R\ \boxed{}$

5 Wie viele Kugeln bekommt jeder? Bleiben Kugeln übrig?

Lege oder male. Schreibe die Rechnung auf.

a) 10 : 3   b) 8 : 2   c) 5 : 5   ⭐ d) 14 : 7
   20 : 4   11 : 4   12 : 2   15 : 7
   12 : 6   12 : 5   13 : 3   16 : 7

6 Verteile gerecht und schreibe die Rechnung auf.

Ich sehe es
auf einen Blick!

a)
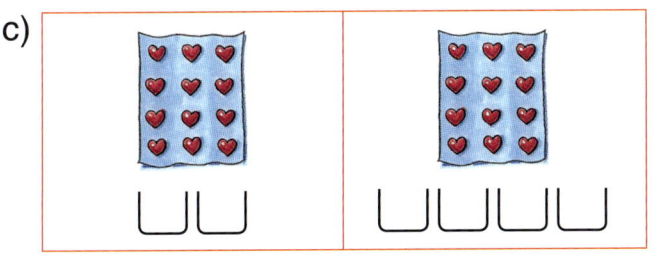

$1\,6 : 2 = \boxed{}$ $1\,6 : 4 = \boxed{}$

b)
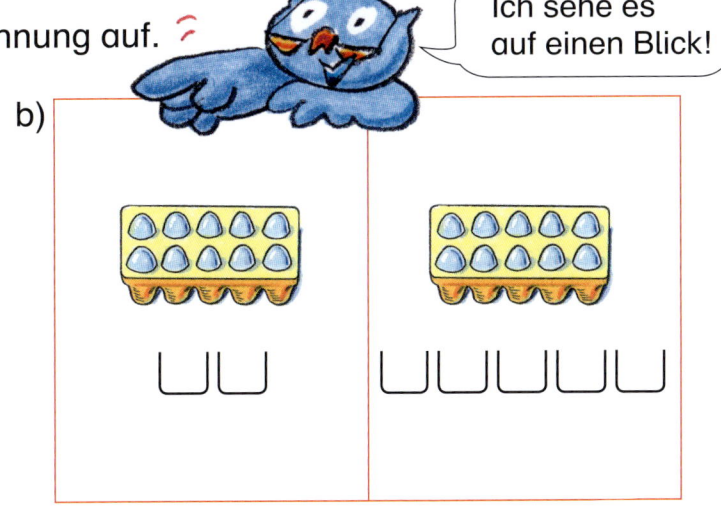

c)

d)

Aufteilen

1 a) 12 Kinder spielen das Atomspiel.

Sie bilden Gruppen …

… mit 3 Kindern.

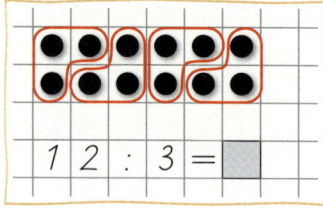

Es gibt 4 Dreiergruppen.

… mit 5 Kindern.

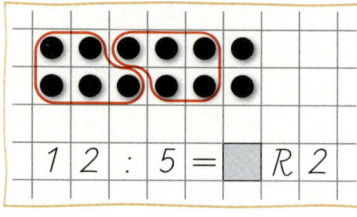

Es gibt … Gruppen und … Kinder bleiben übrig.

b) Spielt in der Klasse das Atomspiel. Bildet Gruppen mit 3, 4, 5, … Kindern. Welche Gruppen könnt ihr bilden, sodass kein Kind übrig bleibt?

2 18 Kinder spielen das Atomspiel.

Lege und bilde Gruppen …

| | 1 | 8 | : | 6 | = | |
| | 1 | 8 | : | 3 | = | |

… mit 6 Kindern.

… mit 3 Kindern.

… mit 9 Kindern.

… mit 4 Kindern.

… mit 2 Kindern.

Wie viele Gruppen sind es jeweils?

3 Bälle aufräumen: Male und rechne.

a) Immer vier Bälle in ein Netz.

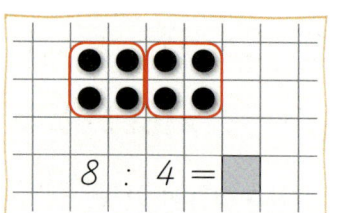

8 : 4 =

8 Bälle   10 Bälle   16 Bälle   13 Bälle

b) Immer 5 Bälle in ein Netz.

15 Bälle   20 Bälle   12 Bälle   17 Bälle

4 Simsala und Bim bauen Türme aus Würfeln.

Wir bauen 5er-Türme.

20 : 5 = ☐

a) Sie haben 20 Würfel.
Wie viele 5er-Türme können sie bauen?

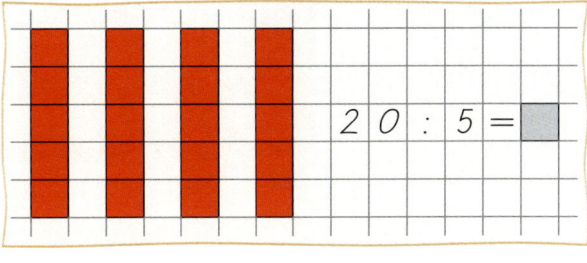

2 0 : 5 = ☐

 b) Wie viele 10er-, 6er-, 4er-, 3er-Türme können sie bauen?
Malt und rechnet.

c) Wählt selbst Anzahlen und baut Türme wie bei b).

5 a) Baue immer 3er-Türme aus
10 (11, 12, 13 …) Würfeln.
Male und rechne.

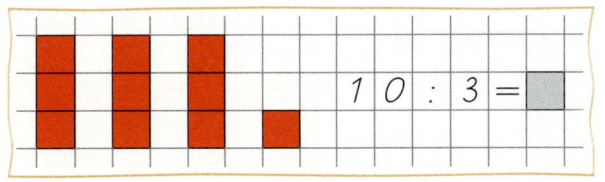

1 0 : 3 = ☐

b) Bei welchen Anzahlen bleibt ein Rest,
bei welchen nicht?
Erstelle eine Tabelle.

Fällt dir etwas auf?

	3er-Türme	
	ohne Rest	mit Rest
1 0		X
1 1		X
1 2	X	

6 a) Baue immer 4er-Türme aus
8 (9, 10, 11, 12, …) Würfeln.
Male und rechne.

 b) Bei welchen Anzahlen bleibt ein Rest, bei welchen nicht?
Erstelle eine Tabelle wie in Aufgabe **5**. Was fällt dir auf?

Malnehmen und Teilen gehören zusammen

1 Suche die Malaufgaben und Geteiltaufgaben, die zusammengehören.

a)

| 3 · 10 |
| 8 · 10 |
| 7 · 5 |
| 8 · 2 |
| 4 · 2 |

5 · 5   25 : 5 = ☐

| 5 · 5 = |
| 2 5 : 5 = |

| 35 : 5 |
| 8 : 2 |
| 30 : 10 |
| 80 : 10 |
| 16 : 2 |

Aufgabe und
Umkehraufgabe!

b)

10 · 10	3 · 3	64 : 8	9 : 3
8 · 8	6 · 2	12 : 2	45 : 5
9 · 5	5 · 4	20 : 4	100 : 10

 c) Suche selbst Aufgabenpaare.

2 Rechne und kontrolliere mit der Umkehraufgabe.

| a) | 6 · 5 = 3 0 |
| | 3 0 : 5 = 6 |

a) 6 · 5
   3 · 3
   7 · 2
   9 · 5

b) 4 · 10
   8 · 5
   6 · 2
   7 · 10

c) 7 · 7
   4 · 4
   9 · 9
   8 · 2

d) 7 · 5
   2 · 10
   5 · 5
   8 · 8

3 Rechne und denke an die Umkehraufgabe.

a) 12 : 2
   35 : 7
   40 : 5
   49 : 7
   5, 6, 7, 8

b) 8 : 4
   36 : 6
   16 : 8
   14 : 2
   2, 2, 6, 7

c) 70 : 10
   64 : 8
   18 : 9
   30 : 10
   2, 3, 7, 8

d) 40 : 4
   15 : 3
   14 : 7
   45 : 5
   2, 5, 9, 10

e) 81 : 9
   20 : 2
   30 : 6
   40 : 8
   5, 5, 9, 10

4 Üben mit der Einmaleinskartei

Nimm die Karten so, dass du die Ergebnisse siehst.
Suche Mal- und Geteiltaufgaben zu dieser Zahl.
Schreibe sie auf.

1 6 = 2 · 8	1 6 : 2 = 8
1 6 = 4 · 4	1 6 : 4 = 4
1 6 = 8 · 2	1 6 : 8 = 2

 5 Spielt zusammen.

Legt die Karteikarten mit den Ergebnissen nach oben auf den Tisch.
Jeder sucht sich eine Startzahl.

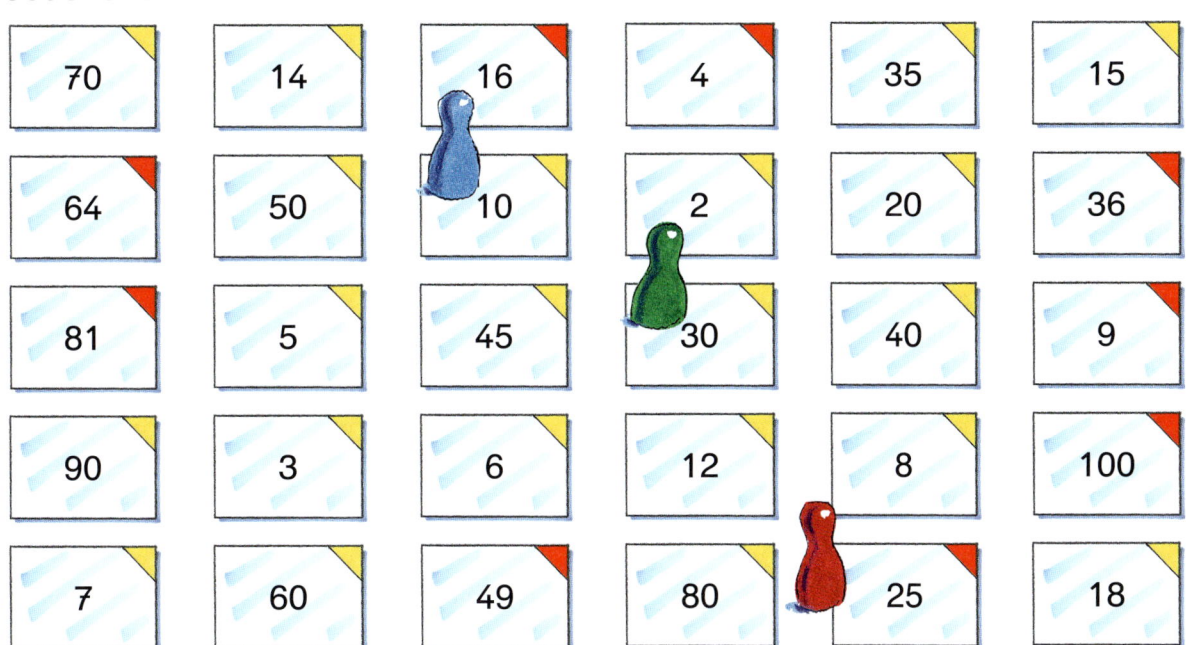

70	14	16	4	35	15
64	50	10	2	20	36
81	5	45	30	40	9
90	3	6	12	8	100
7	60	49	80	25	18

Würfle und fahre die Augenzahl nach rechts, links, oben oder unten.
Überlege dir zu dieser Zahl eine Geteiltaufgabe (z. B. 10 : 2 = 5).
Trage sie auf deinem Plan ein. Jetzt kommt der nächste dran.

Wer hat zuerst alle Aufgaben gefunden?

	= 1
	= 2
	= 3
	= 4
1 0 : 2 =	5
	= 6
	= 7
	= 8
	= 9
	= 1 0

	= 1
	= 2
	= 3
	= 4
2 5 : 5 =	5
	= 6
	= 7
	= 8
	= 9
	= 1 0

	= 1
	= 2
3 0 : 1 0 =	3
	= 4
	= 5
	= 6
	= 7
	= 8
	= 9
	= 1 0

Drei Zahlen – vier Aufgaben

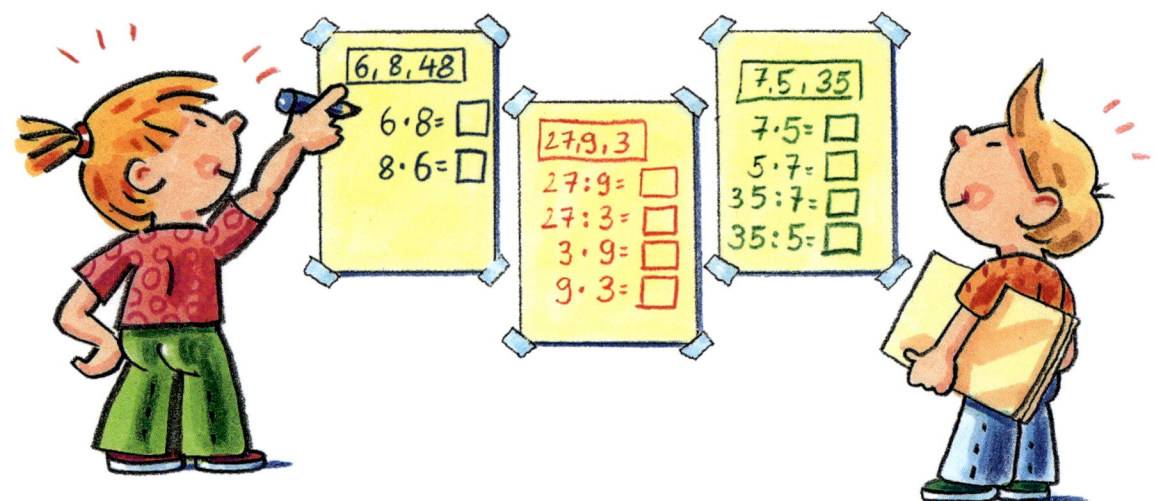

1 Schreibe 3 Zahlen auf, zu denen dein Partner 4 Aufgaben finden kann.

2 Schreibe immer 4 Aufgaben auf.

a)
| 2, 3, 6 |
| 14, 7, 2 |
| 5, 10, 50 |

b)
| 4, 8, 2 |
| 10, 2, 20 |
| 20, 5, 4 |

c)
| 30, 6, 5 |
| 2, 12, 6 |
| 9, 2, 18 |

⭐ d)
| 6, 24, 4 |
| 3, 8, 24 |
| 8, 9, 72 |

3 Eine Zahl fehlt. Finde sie und schreibe 4 Aufgaben auf.

a)
| 8, 5, ? |
| 45, 9, ? |
| 3, 5, ? |

b)
| 6, 10, ? |
| 90, 10, ? |
| 10, 30, ? |

c)
| 4, 10, ? |
| 4, 40, ? |
| 8, 40, ? |

⭐ d)
| 9, 63, ? |
| 7, 42, ? |
| 8, 7, ? |

4 Findest du auch hier 4 Aufgaben? Schreibe auf.

| 6, 6, 36 | | 25, 5, 5 | | 8, 64, 8 | | 7, 49, ? |

 Suche weitere Beispiele, bei denen das so ist.

⭐ **5** Wie heißt die dritte Zahl? Finde immer 2 Möglichkeiten.

a)
| 4, 2, ? |

4,	2,	8
4,	2,	2

b)
| 5, 10, ? |

c)
| 2, 8, ? |

d)
| 6, 3, ? |

e)
| 9, 3, ? |

f)
| 4, 8, ? |

g)
| 10, 2, ? |

Schreibe auch hier alle 4 Aufgaben auf.

Aus 4 wird 40,
aus 1 wird 10,
aus 6 wird …

6 Wie heißt die Zauberregel?
Finde weitere Zahlenpaare und schreibe auf.

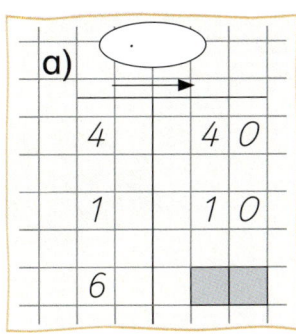

a)

4	40
1	10
6	?

b)

7	14
3	6
2	?

c)

3	15
4	20
7	?

7 Finde Paare zu diesen Zauberregeln:

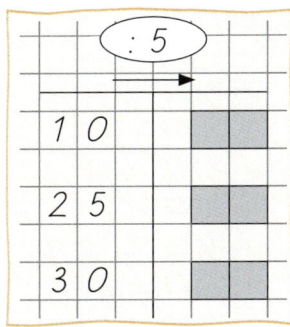

 · 3

 : 2

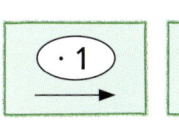 · 1    : 10

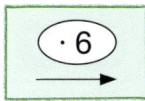 · 6   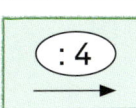 : 4

 **8** Finde selbst Zahlenpaare. Dein Partner nennt die Regel.

9 Erste oder zweite Zahl gesucht.

a) Zauberregel · 9

| 10 | ? | | ? | 9 | | 3 | ? | | ? | 81 |

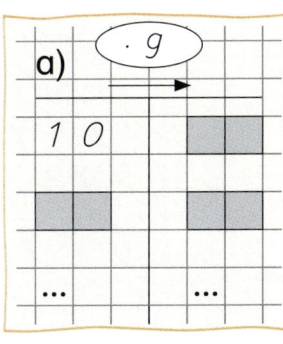

b) Zauberregel : 8

| 8 | ? | | ? | 5 | | 32 | ? | | ? | 8 |

 10 Wie heißt hier die Zauberregel? Finde weitere Paare.

| 7 | 0 | | 4 | 0 | | ? | 0 | | 1 | ? |

Mach dir ein Bild vom Teilen

1 Welche Bilder und Geschichten passen jeweils zu Simsalas und Bims Rechnung? Erkläre und rechne.

Was passt zu **beiden** Rechnungen?

a) Zwölf Kinder stellen sich in Dreiergruppen zusammen.

Wie viele …

b)

c) Zwölf Sticker werden gerecht an zwei Kinder verteilt.

Wie viele …

d)

e) Zwölf Stühle werden gleichmäßig an 4 Tische gestellt.

Wie viele …

f) 12 € sollen gleichmäßig auf 3 Sparschweinchen verteilt werden.

Wie viele …

g) Für 12 € werden Sticker gekauft. Eine Packung Sticker kostet 3 €.

Wie viele …

h) Mia hat ihren Freundinnen 12 Sticker geschenkt.

Wie viele …

i)

Passen wirklich alle Bilder und Geschichten?

 2 Male auch zu diesen Geteiltaufgaben Bilder oder erzähle Geschichten in deinem 📖.

| 18 : 2 | 20 : 10 | 24 : 2 | 16 : 4 | 25 : 5 |

3 Erzählt Rechengeschichten zu diesen Bildern. Schreibt die Rechnungen auf.

a)

b)

c)

4 Löse die Aufgaben. Wo musst du teilen?
Wo kannst du gar nichts rechnen?

Eine Zeichnung kann dir beim Rechnen helfen!

a) Michael, Nadja und Florian bekommen von Oma zusammen 15 € geschenkt. Sie sollen gerecht teilen.

b) Oma spielt mit den drei Kindern ein Quartettspiel. Es besteht aus 32 Karten.

c) Nadja geht um 16 Uhr zum Sport. Im Umkleideraum hängen schon 8 Jacken.

d) In einer Tüte sind 25 Luftballons. Sie werden an 5 Kinder verteilt.

e) Annika hat 30 Perlen. Für jede Kette braucht sie 10 Perlen.

f) Tom hat 20 €. Er kauft ein Buch für 10 €.

5 Ein Bild – viele Geteiltaufgaben: Rechne in deinem Heft.

a)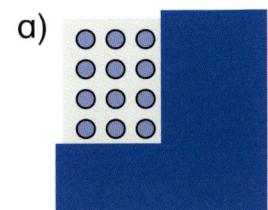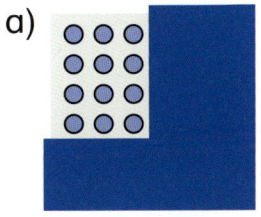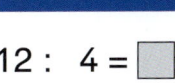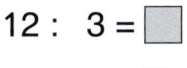

$12 : 4 = \square$
$12 : 2 = \square$
$12 : 6 = \square$
$12 : 3 = \square$
$12 : 1 = \square$
$12 : 12 = \square$

b)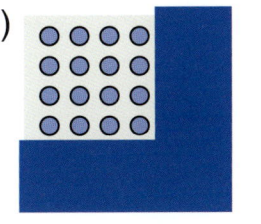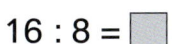

$16 : 8 = \square$
$16 : 4 = \square$
…

c)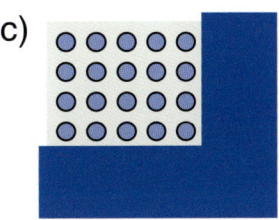

$20 : 10 = \square$
$20 : 5 = \square$
…

d)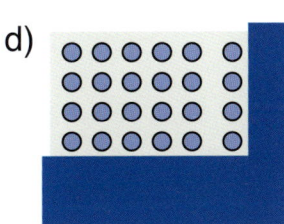

$24 : 2 = \square$
…

 e) Male selbst Punktebilder und suche Geteiltaufgaben dazu.

 f) Finde ein Punktebild mit besonders vielen Geteiltaufgaben und eines mit wenigen.

103

1 Rechne. Denke an die verwandte Malaufgabe.

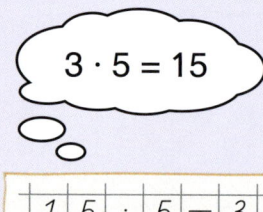

3 · 5 = 15

| 1 | 5 | : | 5 | = | 3 |

a) 15 : 5
   20 : 5
   45 : 5

b) 18 : 2
   10 : 2
   16 : 2

c) 80 : 10
   60 : 10
   70 : 10

d) 49 : 7
   64 : 8
   36 : 6

e) 81 : 9
   14 : 2
   40 : 5

f) 100 : 10
   50 : 5
   50 : 10

2 Suche Malaufgaben zu diesen Zahlen. Rechne.

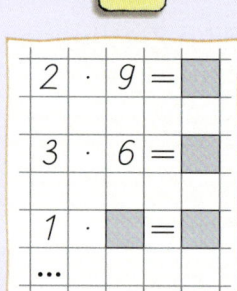

18

2 · 9 =
3 · 6 =
1 · ☐ =
...

a) 18
   24
   60

b) 35
   12
   40

c) 30
   16
   20

d) 50
   14
   100

3 Suche Geteiltaufgaben zu diesen Zahlen. Rechne.

64   9   24   81   4   16   35   100   0   1   49

| 6 | 4 | : | 8 | = | 8 |

4 3 Zahlen – 4 Aufgaben

a) Schreibe die Rechnungen auf.

5   4   20

5	·	4	=	
4	·	5	=	
2	0	:	5	=	
2	0	:	4	=	

5   4   20
2   8   16
8   10   80
10   7   70

b) Wie heißt die dritte Zahl?
   Schreibe auf.

18   2   ?
35   7   ?
6   10   ?
9   5   ?

5 Mal (·) oder geteilt (:)? Schreibe die Rechnungen auf.

a) 25 Kinder stellen sich in Fünfergruppen zusammen.

Wie viele Gruppen sind es?

b) Max greift dreimal in die Tüte und holt jedes Mal 2 Bonbons heraus.

Wie viele Bonbons hat er?

c)

Wie viel Euro bekommt jedes Kind?

d) In der Tüte sind 25 Bonbons. Sie sollen an 5 Kinder verteilt werden.

Wie viele Bonbons bekommt jedes Kind?

e) 16 Orangen werden in Netze verpackt. In jedes Netz kommen 4.

Wie viele Netze sind es?

f)

g)

h) Eine Kinokarte kostet 5 €. Simon, Sandra und Hanna gehen ins Kino.

Wie viel müssen sie bezahlen?

 6 Schreibe oder zeichne Mal- oder Geteiltgeschichten.

$6 \cdot 6$

$25 : 5$

$2 \cdot 7$

$30 : 10$

$8 \cdot 8$

?

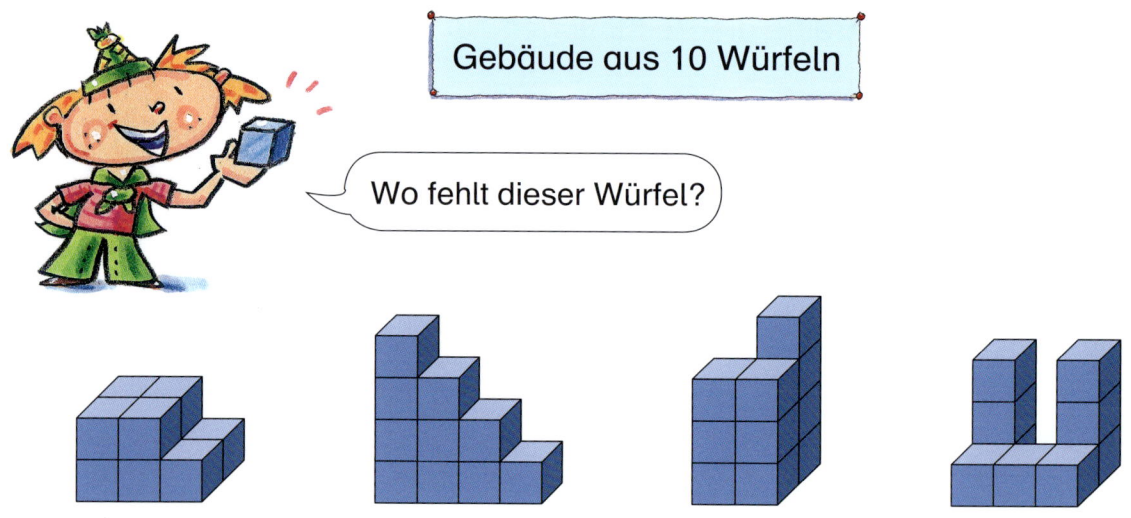

Gebäude aus 10 Würfeln

Wo fehlt dieser Würfel?

① Baue selbst Bauwerke mit 10 Würfeln.

② Wie viele Würfel siehst du?
Baue die Bauwerke nach.
Wie viele Würfel
brauchst du wirklich?

③ Baue diese Bauwerke nach.

a)    b) 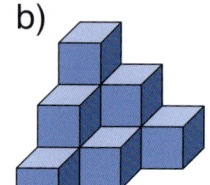   c) 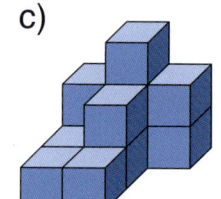   d) 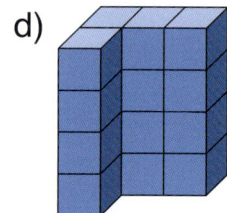   e)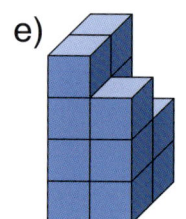

Wie viele Würfel brauchst du jeweils? Schreibe auf.

④ Kleine, große und ganz große Treppen!

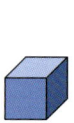   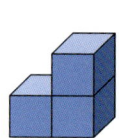   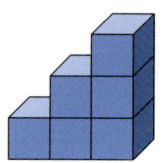   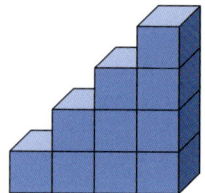   ...

a) Wie viele Würfel brauchst du für jede Treppe? Erkennst du ein Muster?

b) Wie viele Würfel hat die 5. und 6. Treppe?

⭐ c) Überlege: Wie viele Würfel hätte die 10. Treppe?

5 Simsala hat dieses Gebäude gebaut.
Bim hat dazu einen Plan gezeichnet. Erkläre ihn.

So zeichne ich einen Plan.

1	2	1
1	1	1

6 Baue nach. Zeichne die Pläne ab und ergänze sie.

a)

3	2
1	1

b)

c)

d)

e)

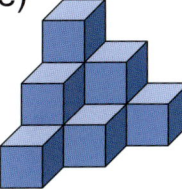

 7 Überlege: Wie sehen diese Würfelgebäude aus?
Wie viele Würfel brauchst du jeweils?

a)

1	2	1
2	4	2
1	2	1

b)

1	2	3
2	0	2
3	2	1

c)

1	4
2	3
3	2
4	1

d)

1		
3		
3	3	1
4	2	2

 8 Nach diesen Plänen entsteht immer die gleiche Körperform. Welche ist es?

1

2	2
2	2

3	3	3
3	3	3
3	3	3

…

Wie viele Würfel benötigst du für das …

• … erste Gebäude?

• … zweite Gebäude?

• … dritte Gebäude?

 • … Gebäude?

107

Kinder, wie die Zeit vergeht!

1 Kinder spannen Wollfäden für ihr Alter.

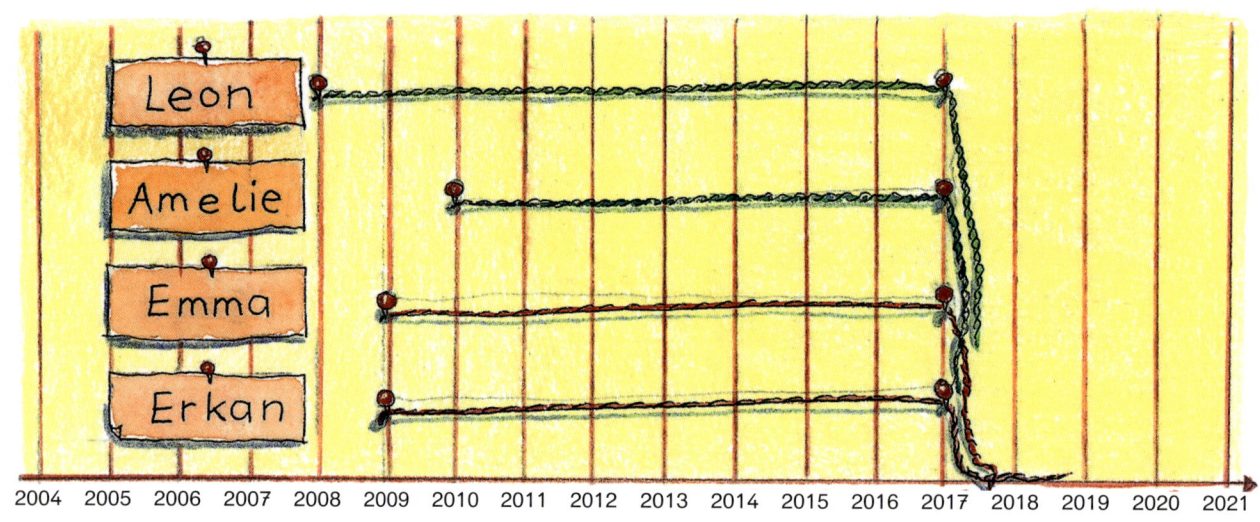

2004	2005	2006	2007	2008	2009	2010	2011	2012	2013	2014	2015	2016	2017	2018	2019	2020	2021

a) Wann sind die Kinder geboren?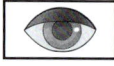

b) Wie alt waren die Kinder 2011?

c) Wie alt sind die Kinder heute?

d) Wie alt sind die Kinder in 2 Jahren, in 4 Jahren, …?

e) Wie ist das in eurer Klasse?

2 Jünger als – älter als

a) Um wie viele Jahre ist Leon älter als Emma?

b) Welche Kinder sind gleich alt?

c) Welches ist das jüngste, welches das älteste Kind?

d) Um wie viele Jahre ist Amelie jünger als Leon?

e) Um wie viele Jahre …?

 f) ?

3 Überlege und rechne nach. 1 + 1

a) In welchem Jahr wirst du 10, 12, … Jahre alt?

b) In welchem Jahr wirst du mit der Grundschule fertig?

c) In welchem Jahr wirst du 18 Jahre alt und darfst alleine Auto fahren?

 d) In welchem Jahr …?

④ Erstelle eine Tabelle für Emmas Familie.

Papa ist 37,
vor 5 Jahren war er …

Emma

	vor 5 Jahren	vor 2 Jahren	heute	in 5 Jahren	in 10 Jahren
Papa			37		
Emma			8		
Paul			4		
Mama			35		
Opa			63		

a) Um wie viele Jahre ist Emma heute älter als Paul? Wie ist das in 10 Jahren?

b) Um wie viele Jahre ist Emma jünger als Mama?

⭐ c) Wie alt sind Mama und Papa, wenn sie zusammen 100 Jahre alt sind?

d) Erstelle eine Tabelle für deine Familie.

⑤ Rätsel

a)
Tim ist 28 Jahre alt.
Seine Mutter ist
doppelt so alt wie er.
Wie alt ist sie?

b)
Paolo ist 7 Jahre
jünger als Mario.
Mario ist 18 Jahre alt.
Wie alt ist Paolo?

c)
Max ist 15 Jahre
älter als Susi.
Max ist 24 Jahre alt.
Wie alt ist Susi?

d)
Andrea ist 12 Jahre
alt und halb so alt
wie Tamara.
Wie alt ist Tamara?

e)
Tom ist 6 Jahre alt.
Stefan ist doppelt
so alt. Eva ist 4 Jahre
jünger als Stefan.
Wie alt sind Stefan
und Eva?

f)
⭐ Anton ist 16 Jahre alt.
Sabine ist 4 Jahre älter
als Anton. Mona ist
halb so alt wie Sabine.
Wie alt ist Mona?

g) Überlege dir selbst Rätsel und stelle sie deinem Partner.

⭐ **⑥** Was ist hier los?

a) In der Klasse 2a sind 12 Kinder 8 Jahre und 13 Kinder 7 Jahre alt.
Wie alt ist die Lehrerin?

b) Ein Hundezüchter hat 5 Schäferhunde und 11 junge Pudel.
Wie alt ist ein Schäferhund?

Verändere die Fragen so, dass du etwas rechnen kannst. | 1 + 1 |

Zeitpunkte und Zeitspannen

1 h ist 1 Stunde.

① Es ist 14 Uhr:
Schreibe die gesuchten Uhrzeiten auf.

a)

In einer Stunde treffe ich Max.

b)

Vor drei Stunden war ich mit Dino draußen.

			+	1	h			
1	4	Uhr	⟶					Uhr

			−	3	h			
1	4	Uhr	⟶					Uhr

c)

In zwei Stunden müssen wir zu Hause sein!

d)

Vor vier Stunden waren wir noch in Spanien.

e)

In sechs Stunden muss ich ins Bett.

② a) Es ist 7 Uhr. Wie spät ist es in 3 Stunden?
b) Es ist 21 Uhr. Wie spät war es vor 4 Stunden?
c) Es ist 11 Uhr. Wie spät ist es in 5 Stunden?
d) Es ist 0 Uhr. Wie spät war es vor 2 Stunden?

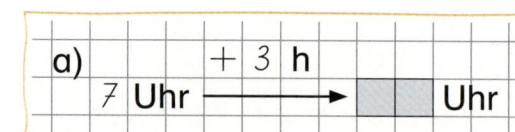

a)			+	3	h		
	7	Uhr	⟶				Uhr

 e) Stelle weitere Aufgaben. Dein Partner rechnet sie.

③ Verschiedene Öffnungszeiten. Vergleicht und sprecht darüber.

Spielwaren Pfiffikus

Mo, Di, Mi, Fr   10-19 Uhr
Do   10-20 Uhr
Sa   10-18 Uhr

Hallenbad
Öffnungszeiten:
Mo–Mi   8:00-19:00 Uhr
Do   14:00-21:00 Uhr
Sa, So   9:00-17:00 Uhr

Dr. Johannes Beer Kinderarzt
Mo, Di   9.00 bis 17.00 Uhr
Do, Fr   14.00 bis 17.00 Uhr
und nach Vereinbarung

a) Wie lange hat das Spielwarengeschäft am Montag und wie lange am Samstag geöffnet?
b) Wann öffnet das Hallenbad am Dienstag und wann am Donnerstag?
c) Findet weitere Fragen.

④ Zähle die Striche auf dem Ziffernblatt.

Der Sekundenzeiger läuft schnell. Er zeigt die Sekunden an.

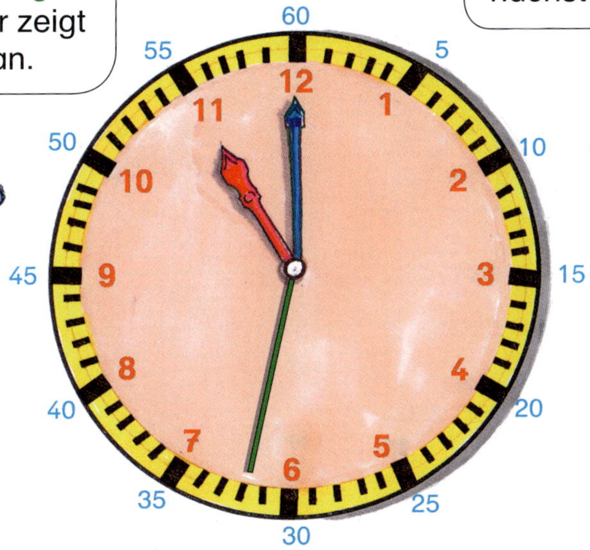

Nach einer Minute rückt der Minutenzeiger zum nächsten kleinen Strich.

Und der Stundenzeiger und der Sekundenzeiger?

1 Minute = 60 Sekunden
1 Stunde = 60 Minuten
1 h = 60 min

⑤ Wie viele Minuten sind vergangen? Schreibe so: a) 5 min

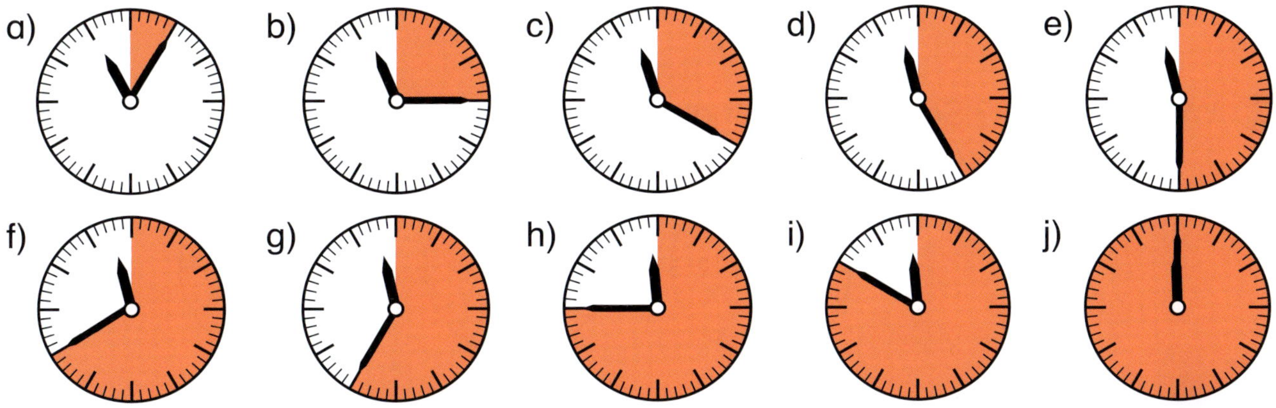

a) b) c) d) e)

f) g) h) i) j)

Zu welchen Uhren passen diese Schilder?

eine Dreiviertelstunde   eine Viertelstunde   eine halbe Stunde

30 min   45 min   15 min   60 min   eine Stunde

Wo ist der Stundenzeiger?

⑥ Was könnt ihr in dieser Zeit tun? Erstellt Plakate für eure Klasse.

etwa 1 Sekunde	etwa 1 Minute	etwa 10 Minuten	etwa 30 Minuten	etwa 1 Stunde
• 1-mal einatmen …	• 20-mal Seilspringen …	• 4 Bahnen schwimmen …	• 5 km Rad fahren …	• Hausaufgaben erledigen …

Der Uhr auf der Spur

1 Wie spät ist es?

> Es ist 8 Uhr 15.

> oder viertel 9.

8.15 Uhr

> Es ist 15 Minuten nach 8.

> Es ist Viertel nach 8.

a) Wie sprecht ihr?
   Vergleicht Sprech- und Schreibweisen.

b) Ordnet die Sprechblasen den Uhren zu.

8.30 Uhr

> drei viertel 9

> 8 Uhr 45 Uhr

> 8 Uhr 30

> halb 9

> Viertel vor 9

8.45 Uhr

2 Wie spät ist es? Schreibe immer die Uhrzeit und eine Sprechweise auf.

a) 11.30 Uhr
   halb zwölf

a) b) c) d)

e) 09:45   f) 16:15   g) 20:00

3

9.30 Uhr

21.30 Uhr

09:30

21:30

Schreibe von Aufgabe **2** immer beide Uhrzeiten auf.

☀ 11.30 Uhr oder ☾ 23.30 Uhr

112

4 Wie viele Minuten sind vergangen? Schreibe in dein Heft.

a) von 15.30 Uhr → **+ 15 min** → bis 15.45 Uhr

b) von ☐ Uhr ⟶ bis ☐ Uhr

c) von ☐ Uhr ⟶ bis ☐ Uhr

d) von ☐ Uhr ⟶ bis ☐ Uhr

e) von ☐ Uhr ⟶ bis ☐ Uhr

f) von ☐ Uhr ⟶ bis ☐ Uhr

5 Wann beginnen diese Sendungen?

a) Willi wills wissen　　b) Tigerentenclub
c) Tagesschau　　　　　d) Sendung mit der Maus

6 Wie lange dauern diese Sendungen? Vergleicht.

a) Willi wills wissen

	☐	min				
7 . 1 5	Uhr	⟶	7 . 3 5	Uhr		

b) Meine neue Familie
c) Tigerentenclub
d) ?

Fernsehprogramm Sonntag

5:30	Meine neue Familie
6:45	Dino Dan
7:15	Willi wills wissen
7:30	Tigerentenclub
8:30	Sendung mit der Maus
9:00	Tagesschau
9:10	Sportschau
11:00	Checker Can
11:25	Schloss Einstein
12:05	Briefe von Felix
12:45	Tagesschau

7 Du darfst 1 Stunde fernsehen. Wähle aus.

8 Warum ist es nicht gut,
wenn Kinder lange fernsehen?

Großes Abschlussfest

Die 25 Kinder der Klasse 2c möchten ein Abschlussfest feiern.
Sie treffen viele Vorbereitungen.

 Ich brauche 3 Einladungskarten.

 Und ich zwei.

1 Schätzt: Wie viele Einladungskarten braucht ihr für eure Klasse?

2 Erstellt eine Liste für eure Klasse. Wie viele Einladungen müsst ihr basteln?

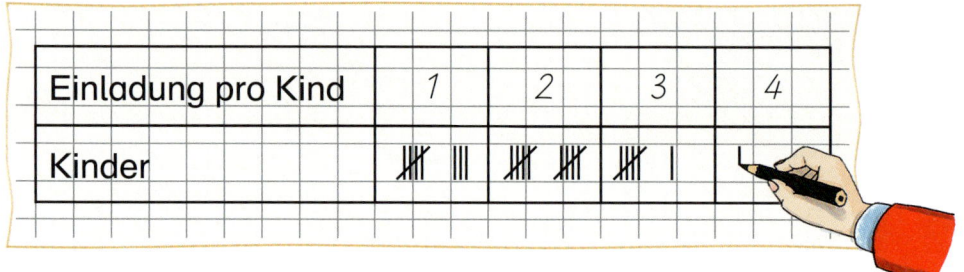

Einladung pro Kind	1	2	3	4
Kinder	卌 |||	卌 卌	卌		

3 Zum Abschlussfest der Klasse 2c kommen 80 Gäste.

   a) Schätzt: Wie viele Tische und Bänke werden benötigt?

   b) Plant nun: Wie viele Tische und Bänke werden benötigt?
      Die Überlegungen der Kinder können helfen. Vergleicht mit eurer Schätzung.

 Wie viele Personen passen auf eine Bank?

 Die Kinder der Klasse brauchen auch Tische und Bänke.

 Für den Getränke- und Essensverkauf brauchen wir zusätzlich Tische.

   c) Das sind Mias Überlegungen:

> 5 Erwachsene auf einer Bank: 16 Bänke
>
> 10 Kinder auf einer Bank: 3 Bänke
>
> Wir brauchen 19 Bänke, 19 Tische und noch 2 Tische extra für Essen und Trinken.

   Vergleicht mit euren Überlegungen aus **3** b). Hat Mia gut geplant?
   Kann das Ergebnis stimmen?

④ Wie viel kosten Essen und Getränke?

Kasten Wasser	Preis
1	3 € 50 ct
2	...
3	...
4	...
5	...

Kasten Saft	Preis
1	8 € 50 ct
2	...
3	...
4	...
5	...

Belegte Brötchen	Preis
10	7 €
20	...
30	...
40	...
50	...

a) Wie viele Kästen Getränke und wie viele belegte Brötchen werden für die Kinder und die 80 Gäste benötigt? Überlegt.
Vergleicht eure Überlegungen.

b) Wie viel Geld kostet der Einkauf? Können die Ergebnisse stimmen?

⑤ Die Kinder wollen den Gästen ein Zirkusprogramm vorführen.

PROGRAMM

Simsalabim-Song ... 3 min
Seiltanz .... 4 min
Clown .... 3 min
Schlangen-Beschwörer ...... 2 min
Artisten .... 5 min
Jongleur .... 5 min
Pferdetanz .... 4 min
Zauberer .... 3 min
Verabschiedung .... 2 min

Wie lange könnte die Vorführung insgesamt dauern?

Es wird auch geklatscht.

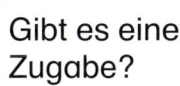
Gibt es eine Zugabe?

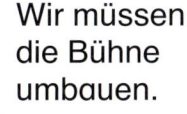
Wir müssen die Bühne umbauen.

⑥ Am Buffet: Findet Rechengeschichten.

PREISE

1 Fl. Mineralwasser 50 ct
1 Fl. Orangensaft 2 €
1 Fl. Apfelsaft 1 € 50 ct
1 belegtes Brötchen 1 € 50 ct

Nach 1 Stunde waren bereits verkauft:

Wasser: ‖‖‖ ‖‖‖ ‖‖‖ ‖‖‖ ‖‖‖ ‖‖‖ ‖‖‖ ‖‖‖ ‖‖

O-Saft: ‖‖‖ ‖‖‖ ‖‖‖ ‖‖‖ ‖

A-Saft: ‖‖‖ ‖‖‖ ‖‖‖ ‖‖‖

belegte Brötchen: ‖‖‖ ‖‖‖ ‖‖‖ ‖‖‖ ‖‖‖ ‖‖‖ ‖‖‖ ‖‖‖ ‖‖

115

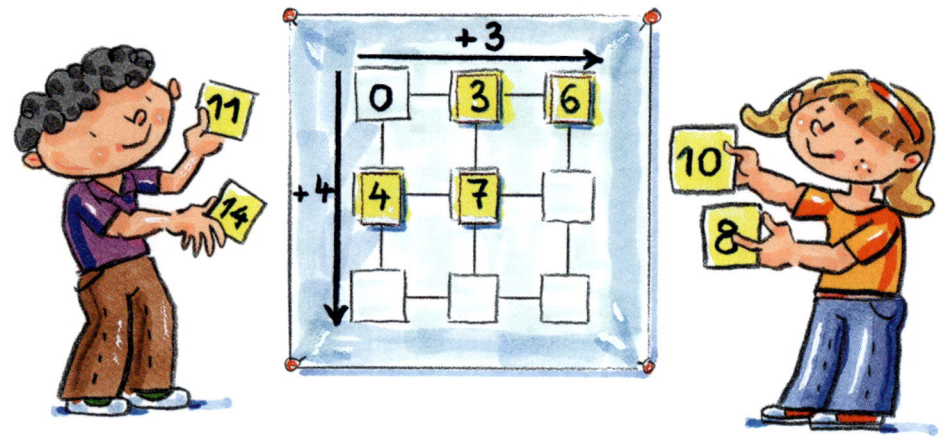

① Wie rechnen die Kinder? Erkläre.

② a) Rechengitter: Rechne in deinem Heft.

Schreibe so:

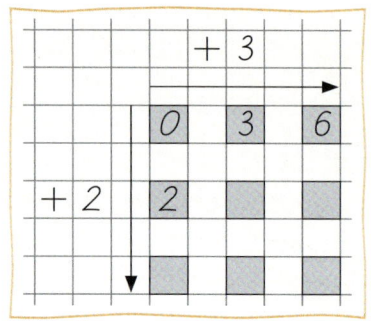

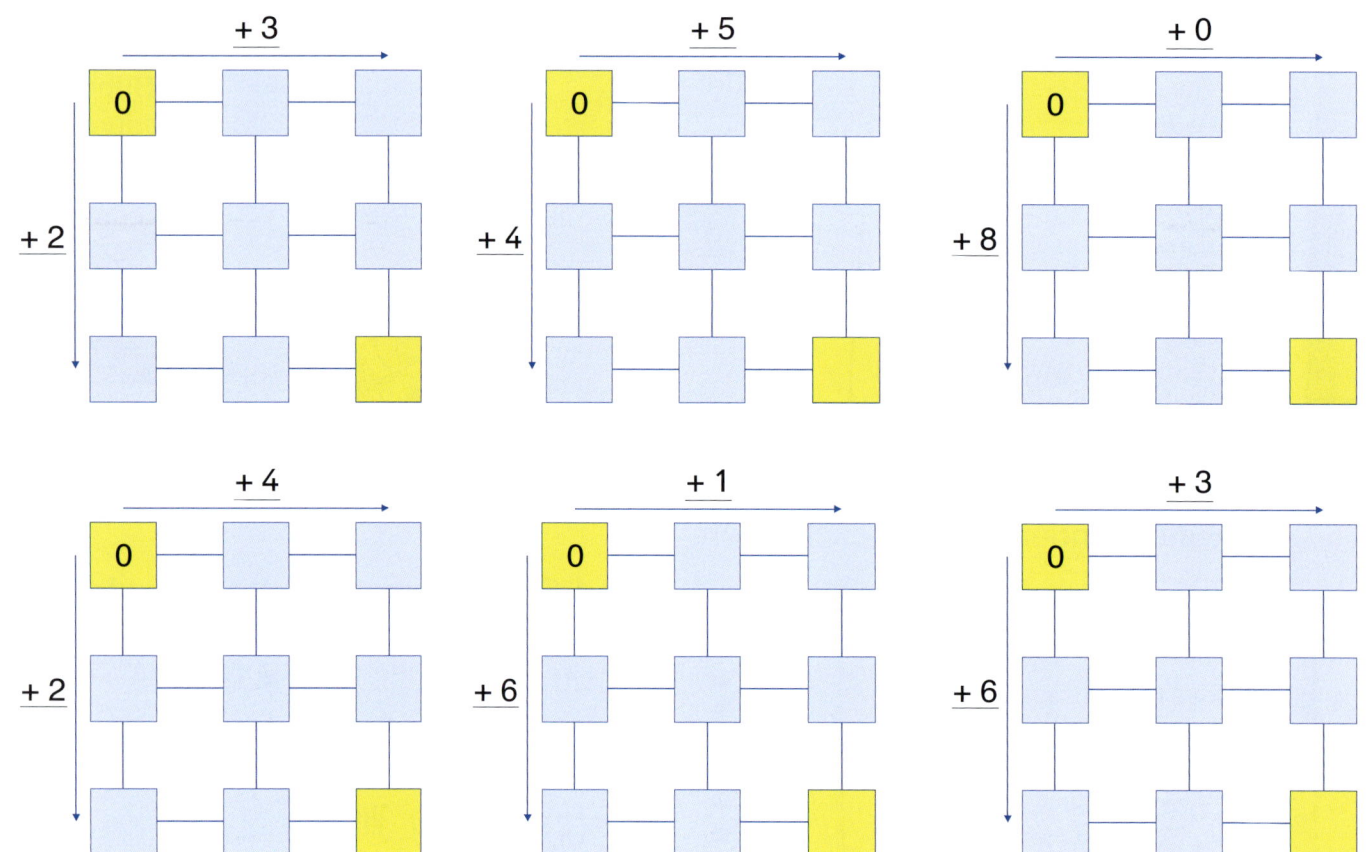

b) Erfinde eigene Rechengitter.

3 Startzahl 0 und Zielzahl 20

Hier gibt es mehrere Lösungen.
a) Wie viele findest du?
Probiere aus.

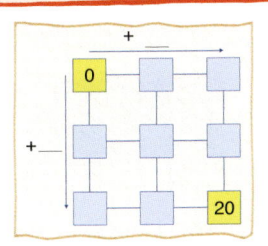

Ich probiere mit den Pluszahlen 7 und 1.

Deine Pluszahlen sind zu klein.

Dann probiere ich es mit …

Ich probiere mal so.

Jetzt habe ich eine Möglichkeit gefunden.

b) Vergleicht eure Lösungen. Was fällt euch auf?

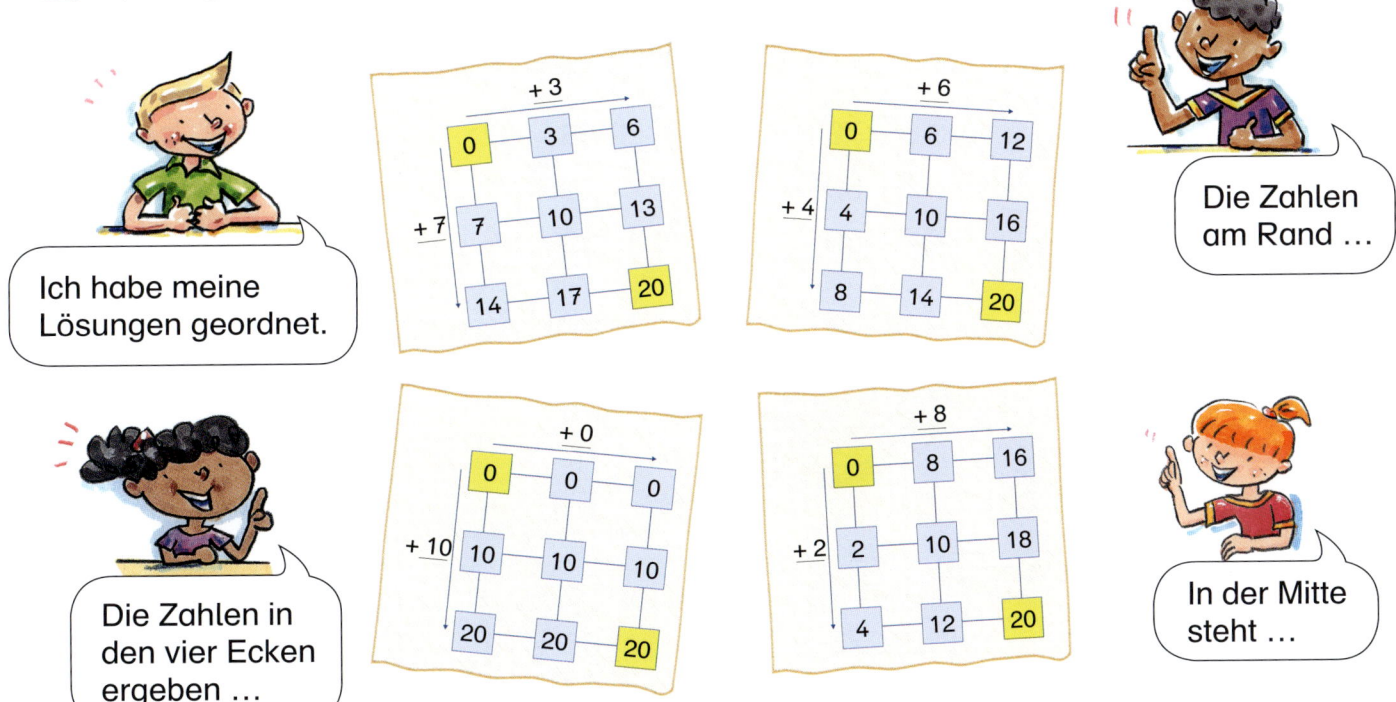

Ich habe meine Lösungen geordnet.

Die Zahlen am Rand …

Die Zahlen in den vier Ecken ergeben …

In der Mitte steht …

c) Wie viele Lösungen habt ihr gefunden? Sind das alle?

 4 Startzahl 0 und Zielzahl 40: Wie viele Möglichkeiten findest du nun?

Kompetenz: Problemlösen **117**

Rechenwege und Rechentricks

1 Wie haben die Kinder gerechnet?

Zehner plus Zehner,
Einer plus Einer

Rechentrick: nahe
beim vollen Zehner

erst plus E,
dann plus Z

?

erst plus Z,
dann plus E

 2 Wie rechnest du? Erkläre deinen Rechenweg. Vergleicht.

27 + 45   36 + 57   69 + 26   43 + 48

3 Verwende den Rechentrick: nahe beim vollen Zehner .

a) 59 + 24   b) 16 + 78   c) 38 + 37   d) 58 + 26
   58 + 35   12 + 59   29 + 19   46 + 28
   29 + 66   24 + 69   39 + 56   43 + 49

Statt 59 + 24
rechne ich schneller:
60 + 23.

Kannst du erklären,
wie Eulalia rechnet?

4 Löse auf deinem Weg.

a) 33 + 58   b) 18 + 73   c) 88 + 9   d) 42 + 54
   74 + 17   23 + 77   14 + 68   48 + 46
   25 + 46   59 + 27   72 + 19   67 + 25
   38 + 27   46 + 26   18 + 76   35 + 55

65, 71, 72, 86, 91, 91, 91, 100   82, 90, 91, 92, 94, 94, 96, 97

e) Erkläre einen Rechenweg in deinem .

5 Wie haben die Kinder gerechnet?

erst minus E, dann minus Z

Rechentrick: nahe beim vollen Zehner

erst minus Z, dann minus E

Ergänzen: + statt −

?

Kannst du hier auch Z und E extra rechnen?

 6 Wie rechnest du? Erkläre deinen Rechenweg. Vergleicht.

| 73 − 67 | 44 − 29 | 87 − 38 | 63 − 26 |

7 Rechne. Welche Aufgaben kannst du gut durch Ergänzen lösen?

a) 84 − 76
84 − 17

b) 68 − 29
64 − 58

c) 42 − 38
47 − 18

d) 75 − 37
53 − 24

8 Verwende den Rechentrick: nahe beim vollen Zehner.

a) 46 − 29
32 − 19
33 − 28

b) 76 − 38
84 − 49
42 − 18

c) 68 − 29
53 − 38
70 − 48

d) 94 − 68
100 − 59
75 − 39

9 Löse auf deinem Weg.

a) 43 − 27
39 − 16
81 − 59

b) 85 − 27
92 − 48
77 − 29

c) 69 − 46
54 − 37
44 − 19

d) 74 − 26
31 − 27
91 − 84

16, 22, 23, 44, 48, 58   4, 7, 17, 23, 25, 48

e) Erkläre einen Rechenweg in deinem .

1 Plant den Einkauf für Leas Geburtstag.
Diese Überlegungen können euch helfen:

Wie viele Kinder kommen?

Gibt es eine oder mehrere Sorten Eis?

Wie viel Eis ist in einer Packung?

Soll es Eis am Stiel oder Kugeln geben?

Soll es noch Eiswaffeln geben?

Wie viel Eis bekommt jeder?

Bekommen die Eltern und Geschwister auch ein Eis?

 ?

2 Vergleicht eure Lösungen mit diesen. Was ist gleich, was ist anders?

A

Es sind 10 Kinder.
Lea hat 3 Geschwister.
2 Kugeln Eis gibt es.

2 - mal   3 - mal

B

8 Gäste kommen. Es gibt
Pirateneis und Kaugummieis.
Jeder bekommt 2.
Eins bleibt für Mama übrig.

$$8 + 1 = 9$$
$$9 \cdot 2 = 18$$
$$18 + 1 = 19$$

C

Geburtstagskind: 1
Gäste: 10
Eltern: 2
Geschwister: 3

1 oder 2 Eis
$1 + 10 + 2 + 3 = 16$

$6 + 10 + 8 + 10 = 34$

- Welche Planungen sind sinnvoll?
- Welche Ergebnisse könnten stimmen?
- Was bedeuten die Rechnungen
  aus Lösung B?

| $8 + 1 = 9$ | $9 \cdot 2 = 18$ | $18 + 1 = 19$ |

3 Lea behauptet:
„Wir sind 9 Gäste und dann noch
Papa, Mama, mein Bruder und ich.
Jeder bekommt ein Eis.
Uns reichen 1 Packung Nixeneis
und 1 Packung Kaugummi Eis."

Kann das stimmen?

Essen alle Kinder
so viel Eis?

 1 Wie rechnen die Kinder? Erklärt.

Erfindet selbst Rechendreiecke und legt.

2 Einfache Rechendreiecke

a)

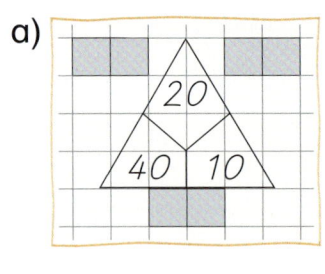

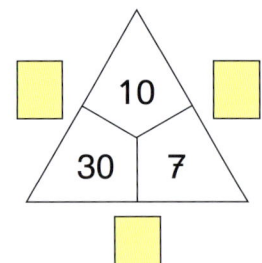

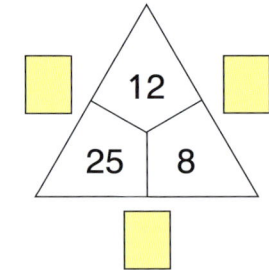

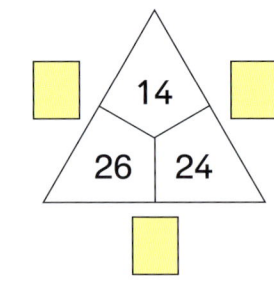

b)

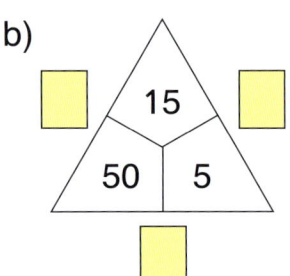

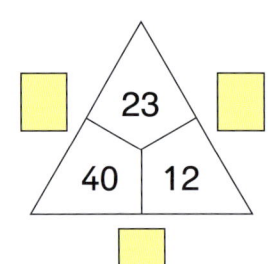

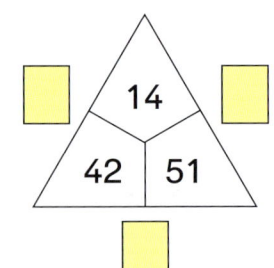

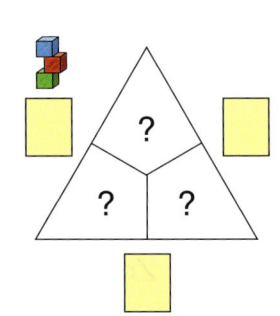

3 Rechendreiecke mit 2 gleichen Zahlen. Was fällt dir auf?

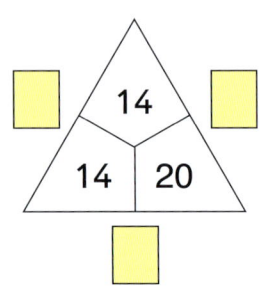

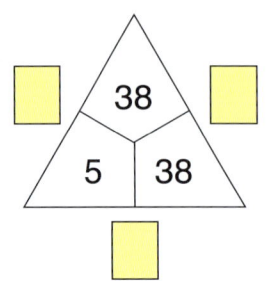

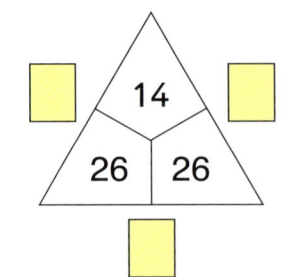

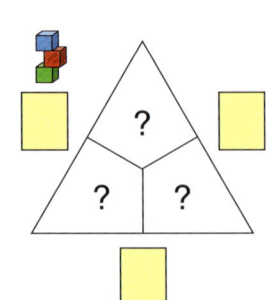

Ich rechne
10 + ☐ = 50.

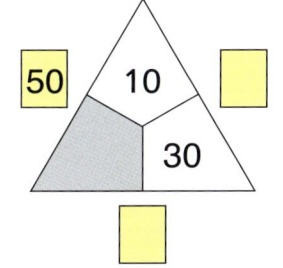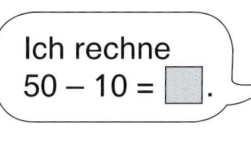

Ich rechne
50 − 10 = ☐.

4 Wie löst du diese Dreiecke?

a)

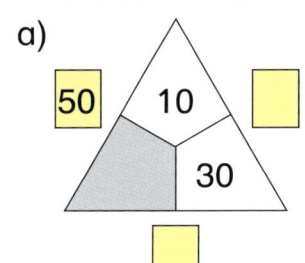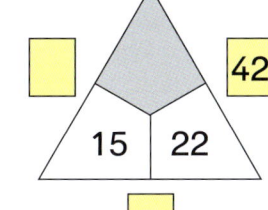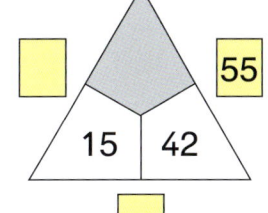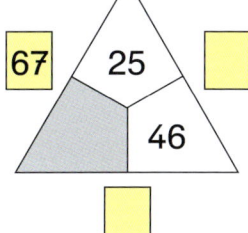

b)

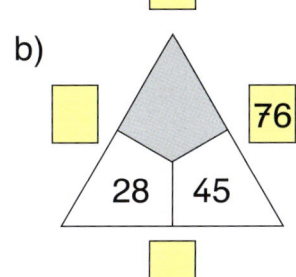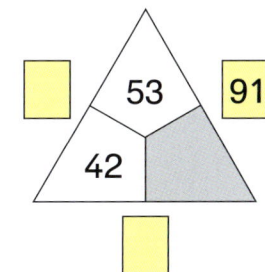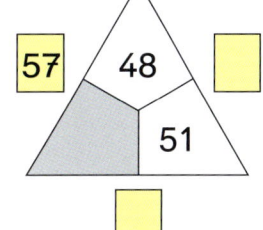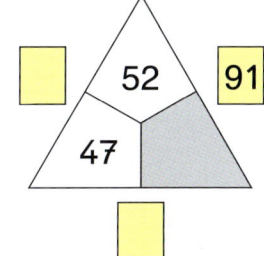

5 a) Die Innenzahlen ergeben zusammen immer 30.

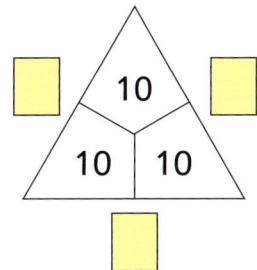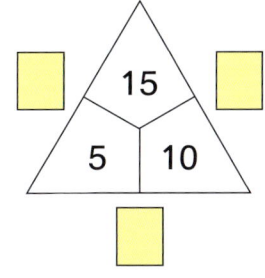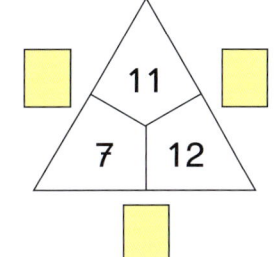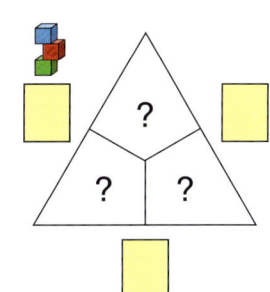

Zähle die Außenzahlen jedes Dreiecks zusammen. Was fällt dir auf?

 b) Erfinde Rechendreiecke: Die Innenzahlen ergeben zusammen immer 20.
Zähle wieder die Außenzahlen jedes Dreiecks zusammen.
Was fällt dir auf?

Warum gibt
es hier keine
Lösung?

6 Knobeldreiecke: Schreibe in dein Heft.

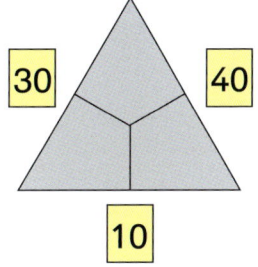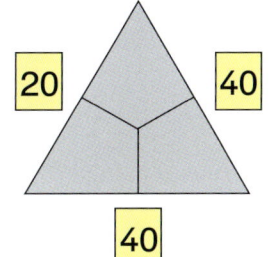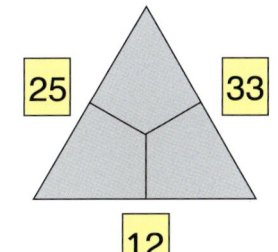

123

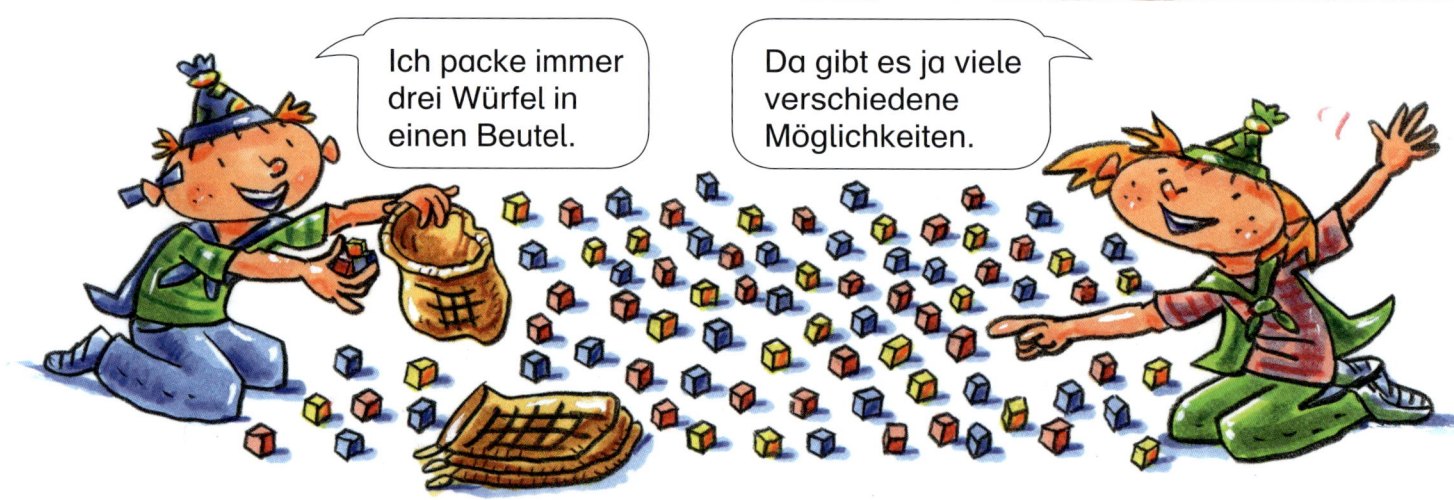

1 a) Ihr habt blaue, rote und gelbe Würfel. Packt immer drei Würfel in einen Beutel.
Es dürfen mehrere Würfel dieselbe Farbe haben.
Wie viele verschiedene Beutel könnt ihr packen?
Zeichnet jeden Beutel auf einen Zettel.

b) Ordnet eure Zettel. Erklärt eure Ordnung.
Habt ihr alle Möglichkeiten gefunden?

2 a) Bim hat eine Tabelle angefangen.
Wie kann die Tabelle weitergehen? Erkläre.

	blau	rot	gelb
Möglichkeit 1	3	0	0
Möglichkeit 2	2	1	0
Möglichkeit 3	2	0	1
Möglichkeit 4	0	3	0

Möglichkeit 1:
3 blaue Würfel,
keine roten und
keine gelben.

b) Erstelle eine Tabelle in deinem Heft. Findest du alle Möglichkeiten?

③ Simsala schreibt eine Rechnung auf.
Erkläre. 3 + 2 + 2 + 2 + 1 = 10

Es gibt drei Beutel mit drei gleichen Farben.

?

④ a) Ihr habt blaue, rote und gelbe Würfel.
Packt immer vier Würfel in einen Beutel:
Es dürfen mehrere Würfel dieselbe Farbe haben.
Wie viele verschiedene Beutel könnt ihr packen?
Zeichnet jeden Beutel auf einen Zettel.

b) Ordnet eure Zettel. Erklärt eure Ordnung.
Findet ihr noch weitere Möglichkeiten?
Gestaltet ein Plakat.

⑤ Erstelle eine Tabelle.
Hast du alle Möglichkeiten notiert?

	blau	rot	gelb
Möglichkeit 1	4	0	0

⑥ Überlege dir eine Rechnung, mit der du ausrechnen kannst,
wie viele Möglichkeiten es gibt.

⑦ a) Die Kinder haben diese Plakate angefangen. Erkläre ihre Ordnung.

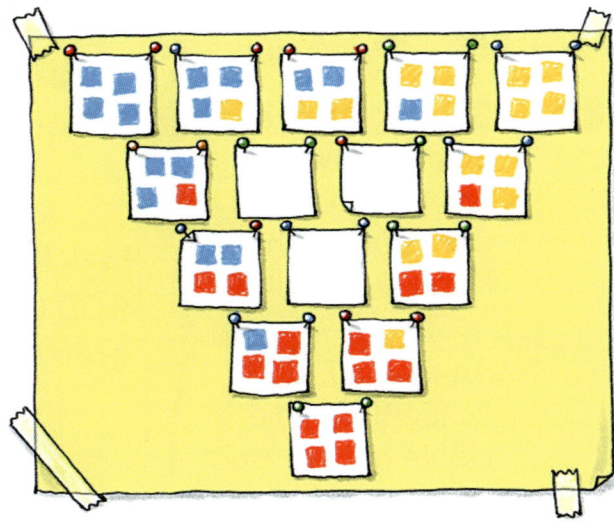

b) Welche Beutel fehlen noch? Zeichne die Plakate ins Heft.

1 Schreibe die Zahlen auf.

a) 7Z 9E   b) 5Z 4E   c) 8E 7Z

   3Z 5E   4Z 5E   2E 6Z

   9Z 1E   8Z 0E   1E 4Z

Schöne Ferien!

2 Setze die Zahlenfolgen fort.

a) 29, 32, 35, … 50   b) 8, 20, 32, … 92

c) 73, 69, 65, … 45   d) 100, 93, 86, … 51

3 >, <, = ?

a) 87 ◯ 78   b) 4E 2Z ◯ 42   c) 30 + 20 ◯ 46

   90 ◯ 95   7Z 4E ◯ 47   100 − 40 ◯ 65

   36 ◯ 63   6E 0Z ◯ 60   100 − 4 ◯ 96

4

a) 6 + 2   b) 9 − 5   **5** a) 43 − 8   b) 28 + 8

  60 + 20   90 − 50   76 − 9   45 + 9

  46 + 2   39 − 5   24 − 5   37 + 6

  76 + 12   89 − 25   63 − 7   86 + 7

6 a) 26 + 35   b) 53 − 26   c) 32 + 47

   42 + 29   76 − 39   19 + 24

   39 + 61   81 − 48   94 − 55

   58 + 42   62 − 33   45 − 18

7 a) Simsala steht an einem Mittwoch um 12.30 Uhr vor der Zauberhöhle. Kann sie hinein?

b) An einem Freitag schließt Bim die Höhle ab. Wie spät ist es dann?

Zauber-Höhle

täglich ab 9.30 Uhr geöffnet

Mo - Do
5 Stunden

Fr. u. Sa.
6 Std. 30 min

So.
8 Stunden

c) Simsala und Bim verlassen die Höhle an einem Sonntag eine Stunde, bevor sie verschlossen wird. Wie spät ist es?

8 3 Zahlen – 4 Aufgaben: Rechne in deinem Heft.

| 2, 8, 16 | 6, 5, 30 | 9, 10, ☐ | 5, 7, ☐ | 2, ☐, 14 |

9

a) 10 · 10	b) 2 · 0	c) 10 · 5	d) 10 · 0
9 · 9	2 · 1	9 · 5	10 · 1
8 · 8	2 · 2	8 · 5	10 · 2
7 · 7	2 · 3	7 · 5	10 · 3
...	...	...	...

10

a)

5 · 8	2 · 8
7 · 8	8 · 8
4 · 8	9 · 8

b)

2 · 7	3 · 7	5 · 7
6 · 7	7 · 7	4 · 7
8 · 7	9 · 7	10 · 7

c)

9 · 9	2 · 9
5 · 9	6 · 9
4 · 9	7 · 9

11

a) 16 : 4	b) 20 : 5	c) 4 : 2	d) 18 : 2
36 : 6	40 : 5	9 : 3	18 : 9
81 : 9	25 : 5	49 : 7	14 : 2
25 : 5	50 : 5	64 : 8	14 : 7
100 : 10	15 : 5	10 : 10	12 : 2
1 : 1	30 : 5	10 : 2	12 : 6

12 Rechne in deinem Heft.

a) 36 : ☐ = 9   b) 5 · ☐ = 35   c) 26 : 5

☐ : 6 = 7   ☐ · 6 = 0   44 : 8

81 : ☐ = 9   10 · ☐ = 100   64 : 7

☐ : 8 = 8   ☐ · 9 = 63   37 : 4

13 Elias, Miriam und Mama essen jeweils einen Eisbecher für 3 €. Wie viel kostet das?

Bis bald!

14 24 Kinder machen einen Bootsausflug. Immer 4 passen in ein Tretboot. Wie viele Boote sind nötig?

Quellenverzeichnis

S. 24, 34, 35, 36, 37, 40, 41, 53, 61: Holzmaterial © Melanie Beutel, München
S. 54: Geometrische Körper © Johann Jilka, Altenstadt
S. 86, 87, 89, 91, 103: Euroscheine: Cornelsen/Christine Wächter/Deutsche Bundesbank;
Euromünzen: Cornelsen/Detlef Seidensticker/Deutsche Bundesbank/Luc Luycx aus Belgien
S. 126/127: Landschaft, © Kristina Klotz, München

Zahlenzauber 2

Erarbeitet von:	Bettina Betz, Angela Bezold, Ruth Dolenc-Petz, Carina Hölz, Hedwig Gasteiger, Petra Ihn-Huber, Christine Kullen, Elisabeth Plankl, Beatrix Pütz, Carola Schraml, Karl-Wilhelm Schweden
Unter Beratung von:	Juliane Leuders
Redaktion:	Anna Weininger, München; Christine Fischbacher
Illustration:	Mathias Hütter, Schwäbisch Gmünd; Renate Möller, Berlin
Grafik:	Detlef Seidensticker, München
Umschlagkonzept:	Mendell & Oberer, München
Umschlaggestaltung:	grundmanngestaltung, Karlsruhe; Corinna Babylon, Berlin
Umschlagillustration:	Mathias Hütter, Schwäbisch Gmünd
Layout:	artesmedia, Glonn
Technische Umsetzung:	Thomas Werner, Dachau

www.cornelsen.de

1. Auflage, 4. Druck 2023

Alle Drucke dieser Auflage sind inhaltlich unverändert
und können im Unterricht nebeneinander verwendet werden.

© 2016 Cornelsen Schulverlage GmbH, Berlin
© 2018 Cornelsen Verlag GmbH, Berlin

Druck: AZ Druck und Datentechnik GmbH, Kempten

ISBN 978-3-637-01872-3 (Schulbuch)
ISBN 978-3-637-02198-3 (E-Book)

PEFC-zertifiziert
Dieses Produkt
stammt aus
nachhaltig
bewirtschafteten
Wäldern und
kontrollierten Quellen
PEFC
PEFC/04-31-2260   www.pefc.de